普通高等职业教育规划教材
21世纪卓越汽车应用型人才培养专用教材　总主编　邹晓东

汽车转向行驶与制动系统故障诊断与维修

组　编　中锐教育研究院
主　编　吴建刚
副主编　李　卫

同济大学出版社
TONGJI UNIVERSITY PRESS

内 容 提 要

本书根据德国工商大会(IHK)教学模式和教学标准，结合中国汽车企业人才需求标准，将引进的德国汽车技术服务类课程经过本地化改编而成。内容组织上以工作过程系统化为导向，以学习情境为教学单元，将工作过程系统地映射到教学过程中。通过完成学习情境中设定的任务和项目，采用知识链接、制定方案、实施方案、检查评估等教学环节达到培养学生专业能力、个人能力、社会能力的教学目标。

本书是中锐华汽教育推出的汽车技术服务类课程系列教材的第6个学习领域“汽车转向行驶与制动系统故障诊断与维修”。全书共分为3个学习情境，包括9个任务，25个项目，共64课时。内容包括转向系统检测与维修，行驶系统检测与维修，制动系统检测与维修等。

本书适合高等职业院校汽车技术服务类专业学生课堂教学之用，随本书配套有相应的电子版教学资源文件包，可供广大师生教学和学习使用。

图书在版编目(CIP)数据

汽车转向行驶与制动系统故障诊断与维修/吴建刚主编. --上海：同济大学出版社，2014.1 (2016.7重印)
ISBN 978-7-5608-5388-8

Ⅰ. ①汽… Ⅱ. ①吴… Ⅲ. ①汽车-转向装置-故障诊断-高等职业教育-教材②汽车-转向装置-车辆修理-高等职业教育-教材③汽车-维修-故障诊断-高等职业教育-教材④汽车-车辆修理-高等职业教育-教材 Ⅳ. ①U472.41

中国版本图书馆CIP数据核字(2013)第320225号

普 通 高 等 职 业 教 育 规 划 教 材
21世纪卓越汽车应用型人才培养专用教材 总主编 邹晓东

汽车转向行驶与制动系统故障诊断与维修

组编 中锐教育研究院 **主编** 吴建刚 **副主编** 李 卫

责任编辑 陈佳蔚 **责任校对** 徐春莲 **封面设计** 王 璐 **项目执行** 陈佳蔚 王 璐

出版发行 同济大学出版社(www.tongjipress.com.cn 地址：上海市四平路1239号 邮编 200092 电话 021-65985622)
经 销 全国各地新华书店
印 刷 常熟大宏印刷有限公司
开 本 889 mm×1 194 mm 1/16
印 张 11.25
印 数 4001-5500
字 数 376 000
版 次 2014年1月第1版 2016年7月第4次印刷
书 号 ISBN 978-7-5608-5388-8

定 价 32.00元

普通高等职业教育规划教材
21世纪卓越汽车应用型人才培养专用教材
编审委员会

序(一)

职业教育与普通教育的显著差别，在于职业教育是一种跨界的教育。职业教育所具有的这一跨界特征，集中表现在如下三个方面：

其一，校企合作的办学模式，跨越了传统的只有学校一个学习地点的围城，由此，职业教育既要关注学校教育的规律，还要关注企业教育的规律；

其二，工学结合的人才培养，跨越了传统的只有课堂一种学习方式的视域，由此，职业教育既要关注基于认知的学习方式，又要关注基于工作的学习方式；

其三，职业教育的培养目标，跨越了传统的只有教育一种社会功能的范畴，由此，职业教育既要关注教书育人张扬个性的教育目标，又要关注服务经济社会发展的目标。

纵观世界，凡是职业教育比较发达的国家，例如，德国、瑞士的“双元制”职业教育、澳大利亚的“技术与继续教育”等，正是由于其遵循了这一跨界的基本规律，都为各自国家经济、社会的发展，提供了大批高质量、高素质的技能人才，使得职业教育成为国家核心竞争力的要素。

任何类型的教育，课程始终是人才培养的核心。跨界的职业教育，其课程也必然要遵循跨界的基本规律。20 世纪末，德国“双元制”职业教育对课程进行了全方位的改革，提出了被称为“学习领域”的课程方案。这是在对传统的、基于知识存储的学科系统指向的课程的革命性突破的基础之上，所提出的一种现代的、基于知识应用的工作过程导向的课程。

德国职业教育发展的这一宝贵经验，为中国职业教育的改革提供了学习和借鉴的参照。伴随着中国改革开放 30 多年的进程，中国职业教育如何才能为国家现代化建设培养大批既能满足经济发展需要，又能满足个性发展需要的高素质技能人才呢？为此，我国职业教育战线的有识之士，紧密结合国情，对此进行了卓有成效的探索。近十多年来，随着德国基于工作过程的学习领域课程的引入，也引发了我们对职业教育课程本质的思考：要实现企业需求与个性发展的集成，进而实现职业性与教育性的结合，一方面要求课程改革必须从知识的存储为主转向知识的应用为主；另一方面，还要求学习国外的经验必须从简单照搬转向借鉴创新。近年来，在课程改革的过程中，我们通过融入中国哲学思想的本土化尝试，在德国工作过程导向的课程方案的基础上，提出了工作过程系统化的课程方案，从而在理论创新和实践探索方面，都取得了较大的成效。

所谓工作过程系统化课程，其本质在于：第一，课程体系的构建必须遵循职业成长的规律和认知学习的规律，要把功利性的需求与人本性的发展结合起来；课程体系中的每一门课程，都是一个经过教育学的“模式化处理”的、源于实践而高于实践的完整的工作过程，课程名称采用动宾结构的词组而非纯名词的词组，以突显职业教育的特征；第二，每门课程的设计必须由三个以上的学习情境构成，旨在通过基于同一范畴的三个以上工作过程的比较学习，使学生通过“比较—迁移—内化”的学习过程，获得思维方式的训练，以获得可持续发展的能力。在这里，学习情境的设计还要遵循两个重要原则：一是学习情境的设计必须具备典型的工作过程特征，即要突显不同职业在工作的对象、内容、手段、组织、产品和环境等六个要素的特征，这是对已经存在的、与职业相关的具体工作过程的映射与把握，旨在使学生获得从业的职业能力；二是学习情境的设计还必须实现完整的思维过程训练，即要完成逐步增强的所谓资讯、决策、计划、实施、检查、评价的“六阶段”训练，这是对指导一切具体工作过程的“工作过程”——思维工作过程的概括与抽象，以应对未知的职业具体工作过程，旨在使学生获得致力于自身发展的方法论能力。

令人欣慰的是，近年来，工作过程系统化课程已逐渐为广大职业院校所认同。职业教育的课程，已逐渐摆脱传统的学科结构系统化课程的束缚，向着更加符合职业教育规律的工作过程系统化课程的改革方向前行。而更加令人高兴的是，除了教育部门的职业院校和经济部门的行业企业，在职业教育受到越来越多的社会各界重视和关注的同时，国内的一些教育集团或公司，更是对职业教育注入了极大的热情，并身体力行，在职业教育的课程开发和教学软件等方面，做出了很大贡献。

其中，致力于职业教育投资、管理和服务的中锐集团公司，就是众多成绩和效果都比较突出的公司中的一个。中锐集团公司顺应市场需求，以汽车职业教育为龙头，与国内40多所高校共建汽车职业教育汽车学院与实训基地，并结合国内汽车企业相关岗位的用人标准及国内高职院校的实际情况，在参照德国“工作过程导向”的学习领域课程方案的基础上，根据我国自行开发的工作过程系统化课程的理论创新和设计思路，编写了一套相关教材。

例如，“汽车检测与维修专业”，首先，在课程体系的开发方面，设置了17个学习领域。这17个学习领域课程被分为三个学习阶段：第一阶段以学习汽车维护保养和机械结构检修为主，第二阶段以学习汽车电控系统检修为主，第三阶段以学习汽车综合故障诊断和整车性能检测为主。这样的递进安排遵循了由浅入深、由简单到复杂、由经验到策略的技能成长规律；其次，在每门课程的开发方面，又为每一学习领域设置了三个以上的学习情境，每一学习情境又都是一个完整的工作过程，遵循比较—迁移—内化的学习规律。

在逻辑上，这些学习情境之间具有平行、递进和包容等关系。比如，“汽油发动机管理系统故障诊断与维修”学习领域，设置了“空气供给系统检修”、“燃油供给系统检修”、“点火系统检修”、“排放系统检修”、“综合故障检修”等5个学习情境，前4个学习情境之间为并列关系，第5个情境与前4个情境为包容关系。每一学习情境的内部结构，也是按照完整的工作过程序化的，如在“空气供给系统检修”这个学习情境中，根据故障检修的实际工作顺序，又分为“空气流量计的检修”、“进气压力传感器的检修”、“节气门体的检修”三个阶段性的任务。

由于课程设计始终遵循“操作步骤重复而内容不重复”的工作过程系统化原则，通过对5个学习情境所体现的检修工作过程的比较，不仅能使学生把握“空气供给系统检修”的具体工作过程，而且能逐渐把握“资讯、决策、计划、实施、检查、评价”的思维工作过程。其中，在“资讯”环节给出汽修行业操作规范的共性的操作步骤；在“计划”和“实施”环节，要求学生结合在教学中使用的多种不同实训车型，制定出差异化的工作计划并实施；然后通过对不同实训车型的重复多次的操作，不仅可使学生达到职业要求的熟练操作程度，而且又通过对不同实训车型制定不同实施方案的比较学习，有利于培养学生应对同一工作过程中出现的不同情况而采用不同处理方法的能力，最终实现由经验型技能向策略型技能的跃迁。

中锐教育集团在研发这套教材的同时，还开发出了配套的教学设备和教学软件，实现了课程教材、教学设备、教学软件三个教学元素的一体化。这就使得职业教育的课程开发、教学实施，获得了相关教学资源的支撑。

总之，这套教材不仅引入了德国的“双元制”职业教育理念，而且结合了中国汽车行业对人才的需求和岗位要求，体现和反映了中国汽车行业的一些特点。

真诚希望中锐教育集团公司这套教材的出版，能对我国汽车职业教育的教学改革和创新有所裨益，也期待有更多的教育公司等社会机构，参加和参与职业教育。

同样，祈望各位读者朋友们，也能对这套教材提出宝贵的意见和建议。

升级版的中国经济发展，呼唤着升级版的职业教育，让我们为之奋斗吧！

（教育部职业技术教育中心研究所研究员）

2013年7月20日

Vorwort

Gerne komme ich der herzlichen Einladung der Chiway Education Group Shanghai nach, dieses Vorwort zu verfassen.

Bereit seit Jahren verfolge ich äußerst interessiert die Entwicklung der Chiway Education Group Shanghai im Bereich der beruflichen Bildung. Dabei beindruckt mich insbesondere ein derzeit laufendes, innovatives Berufsbildungsmodell, das sich durch die Kooperation zwischen Industrie und Schule auszeichnet.

Der Austausch und die Kooperation zwischen China und Deutschland im Bereich der beruflichen Bildung entwickeln in einer sehr positiven Art in schnellen Schritten immer weiter. Die AHK widmet sich dabei intensiv dem Transfer dualer Prinzipien des bewährten deutschen Systems der dualen Berufsausbildung nach China.

Nach mehrjährigen Erfahrungen bei der Übertragung und Durchführen wurde immer klarer, dass wir in China andere Voraussetzungen als in Deutschland vorfinden. Daher kann und darf das deutsche System der dualen Berufsausbildung nicht einfach kopiert werden.

Jedoch hat die Idee der dualen Berufsausbildung in China bereits fruchtbaren Boden gefunden um sich weiter zu entwickeln und alle beteiligten Parteien wie berufliche Schulen, Berufsbildungsgruppen und Unternehmenkönnen davon profitieren.

Chiway, als eine markführende Berufsbildungsgruppe hat bereits viele interessante Erfahrungen mit dem Berufsbildungsmodell gesammelt und konnte dadurch große Erfolge erzielen. Bildungsaktivitäten wie Curriculum Entwicklung, Unterricht, Zusammenstellung der Lehrbücher, Einführen der praktischen bzw. betrieblichen Ausbildung seien hier beispielhaft angeführt.

Durch den Aufbau einer strategischen Kooperationspartnerschaft mit der AHK stärkt Chiway zugleich die Kooperation und den Austausch mit Deutschland im Bereich der beruflichen Bildung.

In Deutschland benutzt man eine Vielzahl von Lernmaterialien, unter anderem sollen die Schüler Arbeitsaufträge erledigen und Arbeitsblätter bearbeiten. Bereits in die Unterrichtsvorbereitung muss der Lehrer viel Arbeit und pädagogisches Geschick legen. Im Unterricht werden die Schüler arbeitsprozessorientiertherangeführt Arbeitsblätter zu bearbeiten, Arbeitsaufträge zu erledigen, und Projekte selbstständig durchzuführen. Hierdurch stehen die Schüler im Unterricht im Mittelpunkt und werden zum aktiven Lernen motiviert.

Die Situationen in Deutschland sind anders als in China, auch der Markt in Deutschland ist anders, d.h. der Markt in Deutschland dafür reifer als in China.Die deutschen Arbeitsaufträge oder Arbeitsblätter einfach unverändert in chinesische Lehrbücher zu übernehmen kann sicherlich nicht erfolgreich sein. Daher hat Chiway die deutschen Ideen zur dualen Berufsbildung, die vom Ausbildungsumfeld und den betrieblichen Bedürfnissen ausgehen aufgegriffen und innovativ auf die chinesischen Verhältnisse angepasst.

Die praxisorientierte Durchführung der Berufsausbildung durch Chiway bringt uns viele wertvolle Erfahrungen beim Transfer der deutschen Berufsbildung nach China. Die innovative Entwicklung der chinesischen Berufsbildung wird davon profitieren und sich auszahlen.

Ich wünsche Chiway weiterhin viel Erfolg im Bereich der beruflichen Bildung.

Britta Buschfeld
2013.7

序(二)

应上海中锐教育集团盛情之邀，为这套教材作序。实际上近些年个人一直在关注中锐的职业教育工作，吸引我的是其正在实践和创新的产教合作职教模式。

中德之间在职业教育领域的交流和合作一直在蓬勃进行当中，德国工商会也一直致力于把德国的职业教育体系双元制原则引入到中国。经过不断地尝试和实践，我们发现，中国与德国国情不同，无法照搬照抄德国双元制职业教育体系，但双元制的职业教育理念在中国获得了丰富的土壤，职业院校、职教集团、用人企业都获益匪浅。中锐作为一家领先的职业教育集团，在职业教育模式上做了很多有趣的尝试并获得了很大的成果，其中就包括在课程开发、教学、教材编写、学生实习实训等教育活动中引入德国的双元制职业教育理念。同时，中锐也通过与德国工商大会上海代表处建立战略合作关系加强了与德国职业教育领域的合作和交流。

实际上，原汁原味的德国职教模式在教学中使用多种素材，其中包括项目单或工作页，教师在课堂下做足工夫，课堂上按照项目教学法及面向工作过程教学法引导学生完成项目单或工作页内容的填写，充分发挥学生在教学中的主体作用，调动学生学习的主动性和积极性。中国与德国国情不同，汽车市场的发育成熟度也不一样，在教材内容的选择上，简单照搬德国项目单或工作页上的内容显然是行不通的。对此，中锐在引进和吸收德国职业教育的思想和理念基础上，根据教学环境、企业需求等实际情况进行了本土化的创新。

中锐的职教实践为我们总结出了很多值得借鉴的德国职教模式中国本土化的宝贵经验。中国职业教育的创新发展必能从中获益。

祝愿中锐教育集团在职业教育领域再创辉煌！

Britta Buschfeld
（德国工商大会 职业培训与教育总监）
2013年7月

前　言

汽车底盘技术的发展趋势主要在底盘汽车电子应用及新材料、新工艺等带来的底盘技术的新发展，而汽车底盘的机械构造上并没有太大的发展。所以学习底盘机械部分检修仍然是整个汽车底盘检修的基础。本领域以工作过程为导向，带领学生完成底盘机械故障诊断与维修任务，使学生掌握底盘机械系统的结构及检修方法，并具备实际动手的能力，针对高职院校初次学习汽车诊断与维修专业的学生。通过本领域的学习，能够使学生对汽车的总体构造有一个较全面的认识，培养学生的专业兴趣，为后续专业课程奠定基础。

本领域是中锐华汽教育推出的汽车技术服务类课程17个学习领域中的第6个学习领域，一共64课时，其中理论24课时，实训40课时。内容包括转向系统检测与维修，行驶系统检测与维修，制动系统检测与维修等。通过本领域的学习能够为后续的“底盘控制系统的诊断与维修”、“汽车综合故障诊断与维修”等领域的学习打下坚实的基础。

本领域主要以上海大众桑塔纳乘用车为例，围绕着汽车底盘系统展开，底盘中的传动系统目前是作为单独课程教学，所以本书只由转向、行驶、制动3部分组成，熟悉各个组成部分零部件名称、安装位置和检测维修等要点展开，让学习者对汽车底盘每个部件进行初步的认识和了解。

本领域不对汽车的各系统及零部件的工作原理做深入、细致讲解，主要任务是要求学生能够根据各系统总成中各零部件的名称在汽车上找到安装位置，并能够说明其作用和功能；能够对底盘中转向、行驶、制动系统的组成、结构特点及其位置关系有初步认识；能够对各零部件进行简单拆卸、安装与检修，形成初步的印象；能够通过拆检对汽车底盘有一个整体认识，破除对汽车的神秘感。

考虑到各院校及个人所使用的实训车辆不同，本书中每个项目都预留了项目实施方案，引导学习者使用实训车辆的维修手册，将所查到的数据及个人经验记录在本书的实训结果项目单中，可以培养学习者在工作中进行查阅、记录的良好习惯。

本领域所使用的实训车辆以目前市场常见的德系车型——大众桑塔纳为主，其拆装方法及结构原理具有很强的代表性。所涉及的专用工具也尽量以在市场上普及为原则，从而能够满足众多汽车高职院校的需求。

本领域通过情境导入、知识链接、制定方案、实施、知识扩展、检查与评估、课后作业等教学环节完成教学内容。其中，知识链接为后续的制定方案、实施、评估等环节的开展奠定理论基础，做好相应知识储备；制定方案是根据知识链接中的理论指导，对需要完成的项目进行整体规划和安排，并给学生布置相应的任务；实施环节则是整个教学过程的核心，是让学生根据制定的方案一步步完成实际操作，并记录操作过程和操作结果；检查与评估等环节是在整个任务完成后，先由学生对自己所完成的实施过程和结果进行自我检查，以发现和认识实施过程中的不足和漏洞，然后由教师对学生的实施情况进行综合评估；最后通过课后作业的形式，让学生对课堂上所制定并实施的方案进行进一步完善，以达到查漏补缺、举一反三和拓宽知识面的目的。

本书由吴建刚担任主编，李卫担任副主编。在本书的编写过程中，教育部机械行指委主任陈晓明、上海 AHK 白丽塔(Britta Buschfeld)等给予了指导并提出了许多宝贵意见，在此深表感谢。

由于编者水平和能力有限，书中难免会出现一些错误，敬请广大师生谅解和批评！

编　者

2014 年 1 月

目　录

序(一)
Vorwort
序(二)
前言

学习情境 1　转向系统检测与维修 …… 1

任务 1　拆装与检修转向操纵机构 …… 3
任务描述 …… 3
项目 1　拆卸转向操纵机构 …… 3
项目 2　检查转向操纵机构 …… 9
项目 3　装配转向操纵机构 …… 14
检查与评估 …… 18
任务 2　拆装与检修转向机和转向传动机构 …… 20
任务描述 …… 20
项目 1　拆卸转向机及横拉杆总成 …… 20
项目 2　检查转向机及转向横拉杆总成 …… 27
项目 3　安装转向机及横拉杆总成 …… 31
检查与评估 …… 36
任务 3　拆装与检修液压助力转向系统 …… 39
任务描述 …… 39
项目 1　检测液压助力转向系统 …… 39
项目 2　更换液压助力转向油泵 …… 46
检查与评估 …… 52

学习情境 2　行驶系统检测与维修 …… 55

任务 1　拆装与检测车轮并做动平衡 …… 57
任务描述 …… 57
项目 1　拆卸、检查车轮 …… 57
项目 2　分解、更换、装配轮胎 …… 65

项目 3　检测、校正车轮动平衡 …… 73
检查与评估 …… 77
任务 2　拆装与检修前悬架 …… 79
任务描述 …… 79
项目 1　拆卸、检修前减振器总成 …… 79
项目 2　拆卸、检修横向稳定杆、下摆臂与车轮导向装置 …… 87
项目 3　拆卸、检修前悬架副车架 …… 93
项目 4　安装前悬架 …… 97
检查与评估 …… 101
任务 3　拆装与检修后悬架 …… 103
任务描述 …… 103
项目 1　拆卸、检修后减振器 …… 103
项目 2　拆卸、检修后桥 …… 109
项目 3　安装后悬架 …… 113
检查与评估 …… 117
任务 4　检查与调整车轮定位参数 …… 119
任务描述 …… 119
项目 1　检测车轮定位参数 …… 119
项目 2　调整车轮定位参数 …… 126
检查与评估 …… 131

学习情境 3　制动系统检测与维修 …… 133

任务 1　拆装与检修行车制动 …… 135
任务描述 …… 135
项目 1　拆装、检修车轮制动器 …… 135
项目 2　拆装、检修制动主缸和真空助力装置 …… 142
项目 3　检测、更换制动液及调整制动踏板自由行程 …… 148
检查与评估 …… 155
任务 2　拆装与检修驻车制动 …… 157
任务描述 …… 157
项目 1　拆装驻车制动系统 …… 157
项目 2　检查、调整驻车制动系统 …… 161
检查与评估 …… 167

代跋 …… 169

学习情境 1　转向系统检测与维修

学习目标

1. 能够完成转向操纵机构的拆装与检修；
2. 能够完成转向机和转向传动机构的拆装与检修；
3. 能够完成转向助力系统的拆装与检修；
4. 能够通过查找维修手册完成转向系统检修

情境导入

车　　型：大众桑塔纳 1.8 L；
行驶里程：75 000 km；
出厂时间：2009 年 7 月。
故障现象：

客户反映车辆转向时存在两个明显故障：一是左右摆动转向盘时自由行程过大；二是低速转向时发动机舱有“吱吱”异响并且转向沉重

任务1　拆装与检修转向操纵机构

任务描述

一、学习目标

1. 能够完成转向盘拆装与检修；
2. 能够完成转向管柱拆装与检修；
3. 能够完成转向轴拆装与检修；
4. 能够完成转向操纵机构拆装与检修

二、学习内容

1. 大众桑塔纳转向操纵机构拆卸；
2. 大众桑塔纳转向操纵机构检查；
3. 大众桑塔纳转向操纵机构安装

项目1　拆卸转向操纵机构

一、知识链接

1. 转向操纵机构

转向操纵机构由转向盘、转向轴、万向节、转向管柱等组成，它的作用是将驾驶人转动转向盘的操纵力传给转向机。大众桑塔纳转向操纵机构如图1－1所示。

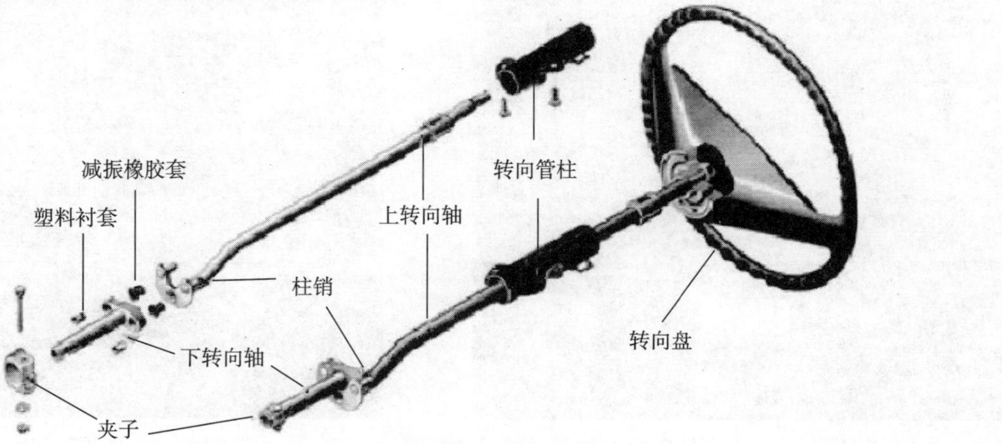

图1－1　大众桑塔纳转向操纵机构

2. 转向盘类型

转向盘可分为单幅、双幅、三幅和四幅等。

单幅转向盘(图 1-2)广泛使用在早期的车辆中,由于当时的车辆很少带有转向盘助力装置,所以在驾驶时,转向就会很沉,有时需要掏轮的手法来转动转向盘。由于单幅转向盘的内径空间大故使用起来非常方便,但随着动力转向的运用,单幅转向盘也就结束了它的历史使命。

双幅转向盘(图 1-3)同单幅转向盘基本相差不多,它同样是在早期车辆上使用,但是由于双幅转向盘难以支撑安装安全气囊,所以现代乘用车中也很难看到装配双幅转向盘的车辆了。不过,双幅转向盘在轻型载货车上还是可以看到的。

图 1-2　单幅转向盘

图 1-3　双幅转向盘

三幅和四幅转向盘是目前乘用车广泛采用的转向盘,如图 1-4,图 1-5 所示。这两种转向盘的共同特点就是中间都有较大的空间用于安装安全气囊,而且从外观上来看,三幅转向盘动感十足,四幅转向盘给人以厚实的感觉。

图 1-4　三幅转向盘

图 1-5　四幅转向盘

3. 转向操纵机构的安全装置

1）可分离式安全转向操纵机构

可分离式安全转向操纵机构，如图1-6所示。转向轴分为上、下两段，中间用柔性联轴器连接。联轴器的上、下凸缘盘靠两个销子与销孔扣合在一起。销子通过衬套与销孔配合。当发生猛烈撞车时，将引起车身、车架产生严重变形，导致转向轴、转向盘等部件后移。与此同时，在惯性作用下驾驶人身体向前冲，致使转向轴上的上、下凸缘盘的销子与销孔脱开，从而缓和了冲击，吸收了冲击能量，有效地减轻了驾驶人受伤的程度。

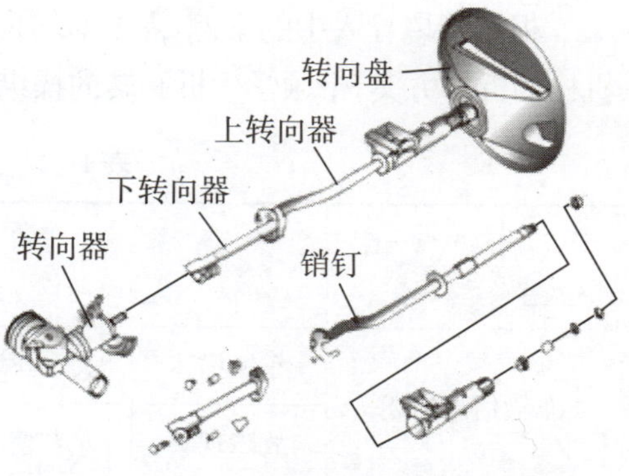

图1-6　可分离式安全转向操纵机构

2）缓冲吸能式转向操纵机构

缓冲吸能式转向操纵机构，如图1-7所示。这种操纵机构从结构上能使转向轴和转向管柱在受到冲击后，轴向收缩并吸收冲击能量，从而有效缓和转向盘对驾驶人的冲击，减轻驾驶人所受到伤害的程度。

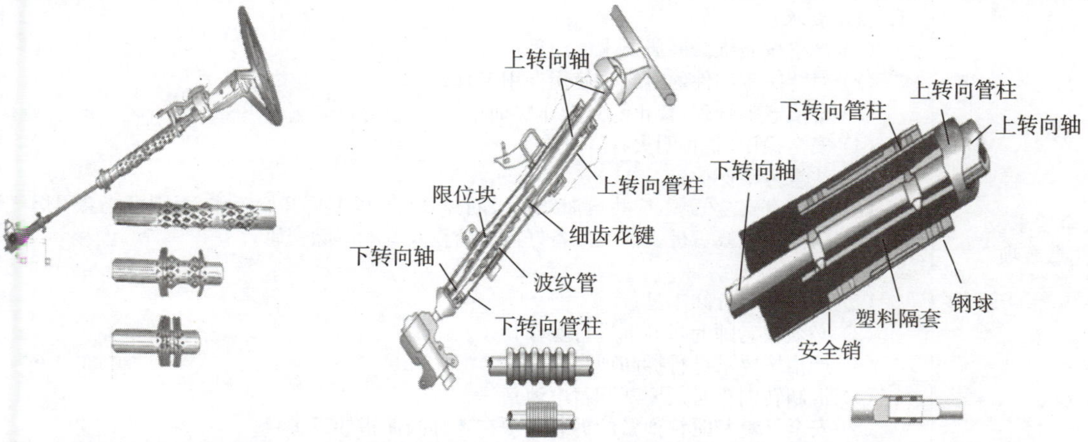

(a) 网格状转向柱管吸能装置　(b) 波纹管变形吸能式转向操纵机构　(c) 钢球滚压变形吸能装置

图1-7　缓冲吸能式转向机构

4. 转向盘拆装工具

转向盘拆装工具如图1-8和图1-9所示。

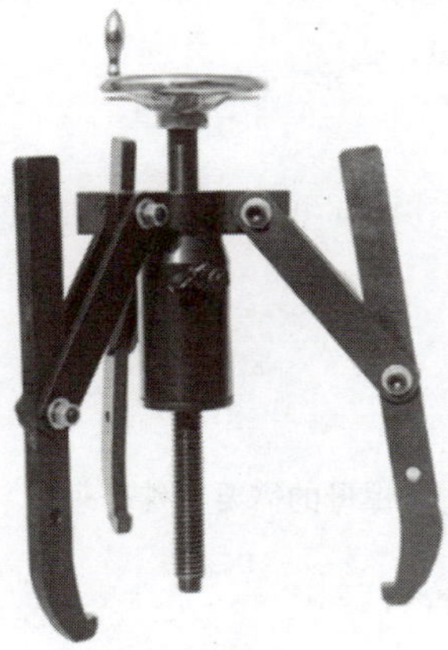
图1-8　专用拉马

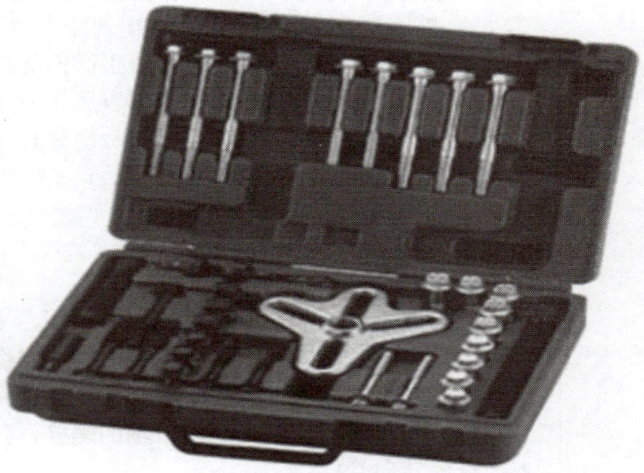
图1-9　通用拉马

二、制定方案

根据情境导入中的案例，需要对转向操纵机构进行拆卸。教师在组织教学的过程中，根据转向操纵机构的拆卸方案，带领学生拆卸转向操纵机构，以便熟练掌握拆卸转向操纵机构的方法，如表 1－1 所示。

表 1－1　大众桑塔纳转向操纵机构拆卸方案表

<table>
<tr><td></td><td colspan="2">大众桑塔纳转向操纵机构拆卸方案</td></tr>
<tr><td rowspan="2">车辆信息描述</td><td>车辆描述</td><td>大众桑塔纳 1.8 L，行驶里程 75 000 km，出厂时间：2009 年 7 月</td></tr>
<tr><td>故障现象</td><td>左右摆动转向盘时自由行程过大</td></tr>
<tr><td>设备/工具/耗材</td><td colspan="2">设备：大众桑塔纳 1.8 L 乘用车一辆，转向系统台架；
工具：转向盘拆装工具一套，套筒工具一套，开口扳手一套；
耗材：三件套一套，记号笔一支</td></tr>
<tr><td>安全要求及注意事项</td><td colspan="2">1. 安全要求：
（1）严格按照维修手册要求的流程进行操作；
（2）对特殊零部件的拆解要使用专用工具；
（3）听从老师管理，禁止随意操作实训车辆、设备等；
（4）安全操作，禁止明火；
（5）注意劳动保护；
（6）如配有安全气囊，应将电瓶线负极断掉 2 min 以上再开始工作，否则可能会引爆气囊；
（7）断掉电瓶线负极之前应准备好该车防盗及音响解除密码。
2. 操作注意事项：
（1）正确使用拆卸工具；
（2）必须在老师的指导下进行操作；
（3）严格按要求进行拆卸项目作业；
（4）拆卸转向盘必须要断开蓄电池；
（5）安全气囊和时钟弹簧的拆装必须在老师当面指导下进行；
（6）转向盘拆卸前必须要做记号</td></tr>
<tr><td>工作步骤</td><td colspan="2">1. 将车辆停在平整的路面上，并使车轮对准正前方；
2. 断开蓄电池负极电缆（断开蓄电池电缆后至少等候 60 s，防止安全气囊和安全带预紧器被启动）；
3. 拆卸驾驶人侧安全气囊（不带气囊直接拆卸转向盘装饰盖板）：
（1）拆卸驾驶人侧安全气囊固定螺钉；
（2）断开时钟弹簧与驾驶人侧安全气囊的线束连接器；
（3）断开喇叭线束连接器并取出驾驶人侧安全气囊；
4. 拆卸转向盘固定螺母（并且做上拆卸前的位置记号）；
5. 拨出转向盘（无法手动拔出时可以运用专用拉马）；
6. 拆卸机械转向管柱总成上、下护板螺钉；
7. 拆卸机械转向管柱总成上、下护板；
8. 拆卸组合灯开关；
9. 拆卸刮水器及洗涤器开关；
10. 拆卸时钟弹簧；
11. 拆卸仪表板侧面和下部护板；
12. 拆卸机械转向管柱总成分离支架的固定螺栓（带防盗螺母的需要特殊处理）；
13. 拆卸机械转向管柱总成支架和横梁连接螺栓；
14. 拆卸机械转向管柱总成上下轴的螺栓，与转向机分离；
15. 分解转向管柱</td></tr>
</table>

教师对学生进行分组，每组选出一个小组长，小组长根据小组成员任务分工不同，确定不同任务的责任人。小组成员任务的划分可以参考下面的小组任务分配表，如表1－2所示。

表1－2　小组任务分配表

	小组任务	个人职责(任务)	小组成员
1	任务前期准备工作	准备该任务的设备、工具、耗材	
2	安全检查	主要负责工具设备使用情况和操作工作的安全监督	
3	转向盘拆卸	负责转向盘拆卸操作	
4	转向管柱及轴拆卸	负责转向管柱及轴拆卸操作	
5	操纵机构分解操作	负责操作机构部件分解	
6	竣工检查工作	检查所有的设备器材是否齐全	

实训中如果没有该车型，可以参考大众桑塔纳转向操纵机构拆卸方案，并查阅该车型的维修手册，制定出该车型转向操纵机构拆卸方案，如表1－3所示。

表1－3　转向操纵机构拆卸方案表

<table>
<tr><td></td><td colspan="2">________乘用车转向操纵机构拆卸方案</td></tr>
<tr><td rowspan="2">车辆信息描述</td><td>车辆描述</td><td></td></tr>
<tr><td>故障现象</td><td></td></tr>
<tr><td>设备/工具/耗材</td><td colspan="2"></td></tr>
<tr><td>安全要求及
注意事项</td><td colspan="2"></td></tr>
<tr><td>工作步骤</td><td colspan="2"></td></tr>
</table>

三、实施

依据制定方案实施，填写项目单，如表 1－4 所示。

表 1－4　实训结果项目表

序号	拆卸步骤	工具	零部件
1	拆卸转向盘		
2	拆卸时钟弹簧，组合开关		
3	拆卸操纵机构外围附件		
4	拆卸点火开关锁芯		
5	分离转向机		

四、作业

1. 通过实训后完善本项目的实施方案。

2. 通过查找课外资料，列举采用不同转向操纵机构的安全装置的车型。

五、知识拓展

转向管柱中通常包含有一些附加的装置，如点火钥匙机构、转向信号操纵控制杆、巡行车速控制装置以及风窗玻璃清洗器和刮水器控制器、危险信号指示灯控制器及喇叭的开关等。

除碰撞吸能机构外，在某些车辆上的转向主轴还装有一些转向控制系统。例如，转向锁定机构，倾斜转向机构，伸缩式转向机构。下面主要介绍转向锁定机构。

转向锁定机构是一种防盗功能，当拔出点火钥匙后，左右摆动转向盘将会使转向主轴锁定到转向管柱上，禁止转向盘转动。转向锁定机构有两种类型：推式点火钥匙筒和按钮式点火钥匙筒，如图 1－10 所示。

解锁操作：插入点火钥匙，左右摆动转向盘同时拧动点火开关即可解锁。

<table>
<tr><th>推式点火钥匙筒</th><th>按钮式点火钥匙筒</th></tr>
<tr><td>① 在ACC位置，把点火开关推进;
② 点火开关插入后，旋至LOCK位置
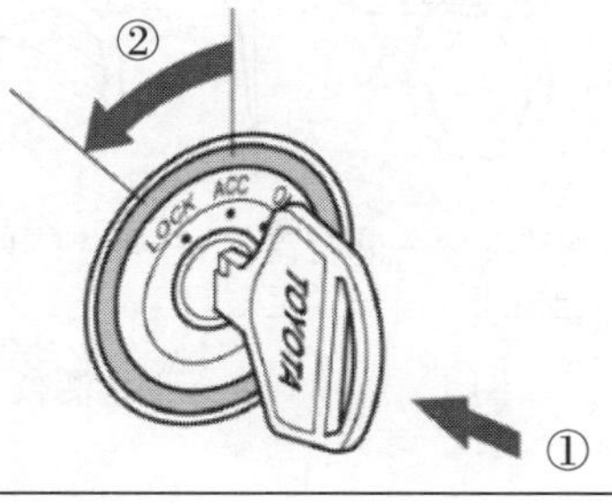
</td><td>① 在ACC位置，按下按钮;
② 保持按钮按下，点火开关旋至LOCK位置
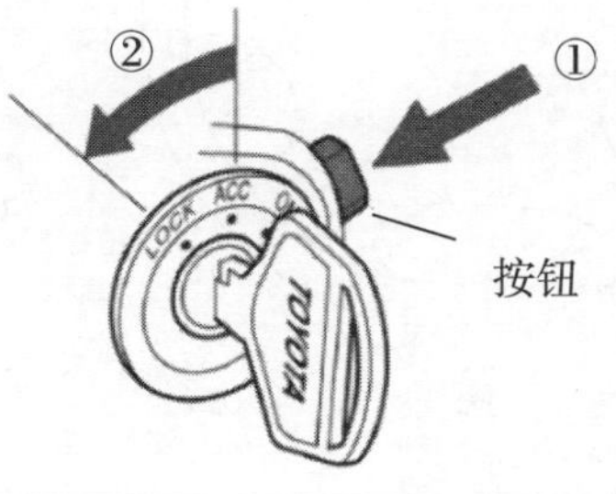
</td></tr>
</table>

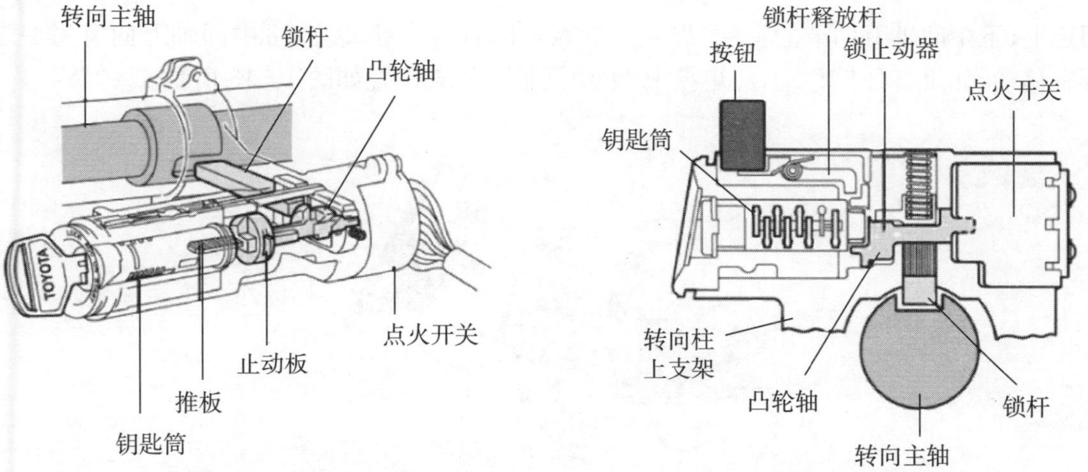

(a) 推式点火钥匙筒　　(b) 按钮式点火钥匙筒

图 1－10　转向锁定机构的结构示意图

项目 2　检查转向操纵机构

一、知识链接

1. 转向盘的自由行程

转向盘的自由行程，是指转向轮在直线行驶位置时，转向盘的空转角度。转向系统各零件之间，不可避免地存在着配合间隙，通常不大于 30 mm，如图 1－11 所示。

自由行程检测仪应在汽车处于直线行驶位置时检测，将自由行程检查器的分度盘和指针分别夹持在转向轴管和转向盘上，向左或向右转动转向盘至稍有阻力感觉时，指针对好刻度盘的零位，再反向转动至稍有阻力时止，此时指针在分度盘上的读数即为自由行程角度，如图 1－12 所示。

如果该车的自由间隙无法调整，在上、下中间轴万向节正常的情况下，更换动力转向机带横拉杆总成。

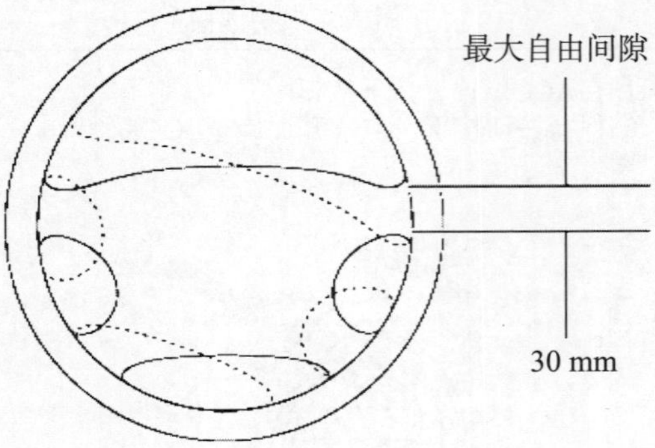

图 1-11　自由行程

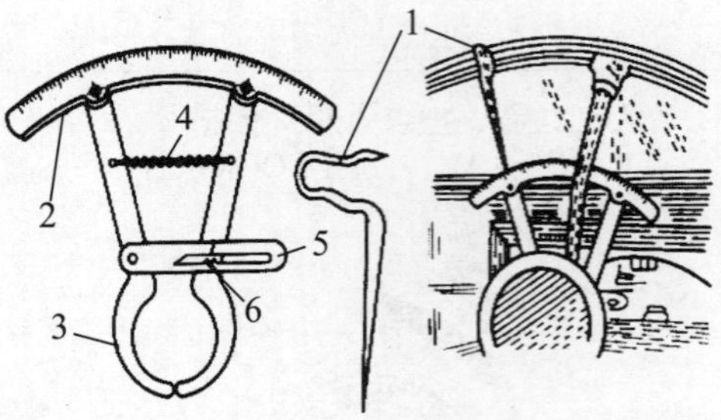

1—指针；2—分度盘；3—夹臂；4—弹簧；5—连接板；6—紧定螺钉

图 1-12　自由行程检测仪

2. 检查转向操纵机构

固定上、下中间轴万向节的一端，以顺时针及逆时针方向扭转上、下中间轴万向节另一端。感觉是否有移动，如果有任何移动，应更换上、下中间轴。检查位置如图 1-13 所示。

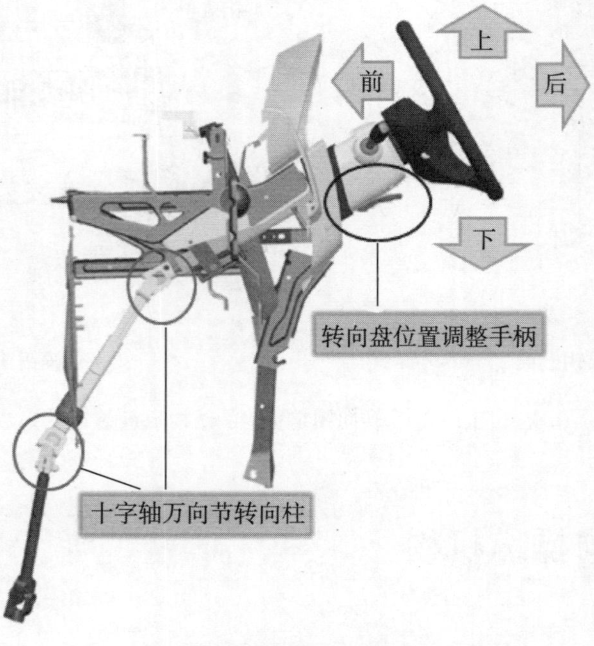

图 1-13　转向操纵机构示意图

3. 转向盘位置调整

转向盘位置调整分为手动调节和电动调节，中低档乘用车通常采用手动调节，通过转向盘下的手柄锁止，调整上下、前后的方向如图 1-13 所示。

二、制定方案

依据情境导入中的案例，需要对转向操纵机构进行检查。教师在组织教学的过程中，根据转向操纵机构的检查方案，带领学生检查转向操纵机构，以便熟练掌握检查转向操纵机构的方法，如表 1-5 所示。

表 1－5　大众桑塔纳转向操纵机构检查方案表

	大众桑塔纳转向操纵机构检查方案	
车辆信息描述	车辆描述	大众桑塔纳 1.8 L，行驶里程 75 000 km，出厂时间：2009 年 7 月
	故障现象	左右摆动转向盘时自由行程过大
设备/工具/耗材	设备：大众桑塔纳乘用车，大众桑塔纳转向系统台架； 工具：分度盘，常规工具一套； 耗材：手套	
安全要求及注意事项	1. 安全要求： (1) 注意在检查时不能发动车辆； (2) 注意检查过程中自我安全保护。 2. 操作注意事项： (1) 正确使用分度盘； (2) 检查操作须在老师的指导下进行； (3) 按要求进行检测项目作业； (4) 记录检测项目和步骤	
工作步骤	1. 通过分度盘测量转向盘的自由行程； 2. 检查转向盘固定位置间隙； 3. 检查转向柱有无弯曲变形； 4. 安全联轴节有无磨损或损坏； 5. 检查转向节轴承是否磨损； 6. 检查转向节是否有疲劳裂纹； 7. 检查转向节油封是否良好严重； 8. 检查各衬套、套管等是否损坏	

教师对学生进行分组，每组选出一个小组长，小组长根据小组成员任务分工不同，确定不同任务的责任人。小组成员任务的划分可以参考下面的小组任务分配表，如表 1－6 所示。

表 1－6　小组任务分配表

	小组任务	个人职责（任务）	小组成员
1	任务前期准备工作	准备该任务的设备、工具、耗材	
2	安全检查	主要负责工具设备使用情况和操作工作的安全监督	
3	转向盘自由行程测量	负责检查转向盘的自由行程	
4	转向管柱检查	负责检测管柱是否存在故障	
5	转向轴承检查	负责检查轴承操作	
6	转向轴检查	负责检查各转向轴的间隙是否过大	
7	竣工检查工作	检查所有的设备器材是否齐全	

实训中如果没有该车型，可以参考大众桑塔纳转向操纵机构检查方案，并查阅该车型的维修手册，制定出该车型转向操纵机构检查方案，如表 1－7 所示。

表 1－7　转向操纵机构检查方案表

	______乘用车转向操纵机构检查方案	
车辆信息描述	车辆描述	
	故障现象	
设备/工具/耗材		
安全要求及注意事项		
工作步骤		

三、实施

依据制定的方案实施，填写项目单，如表 1－8 所示。

表 1－8　实训结果项目表

	车型：	转向操纵机构形式：	
步骤	零部件名称	检测情况	维修方法
1	转向盘自由行程		
2	转向盘		
3	转向柱		
4	上转向轴		
5	下转向轴		
6	套管		
7	密封衬套、夹紧箍		

四、作业

1. 通过实训后完善本项目的实施方案。

2. 根据实训检查项目分析，如果各零部件的损坏会导致怎样故障现象(列举关键部件)？

五、知识拓展

倾斜转向机构可以用来选择转向盘位置(以垂直方向)来匹配驾驶人驾车姿态。可分为上支点式和下支点式两类，如图1-14所示。

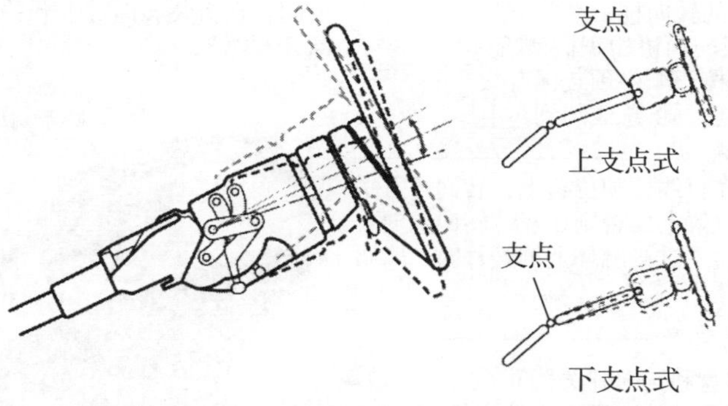

图1-14 上、下支点式倾斜转向机构示意图

下支点式倾斜转向机构由一对倾斜转动制动器、断开式托架和倾斜杆等组成，如图1-15所示。

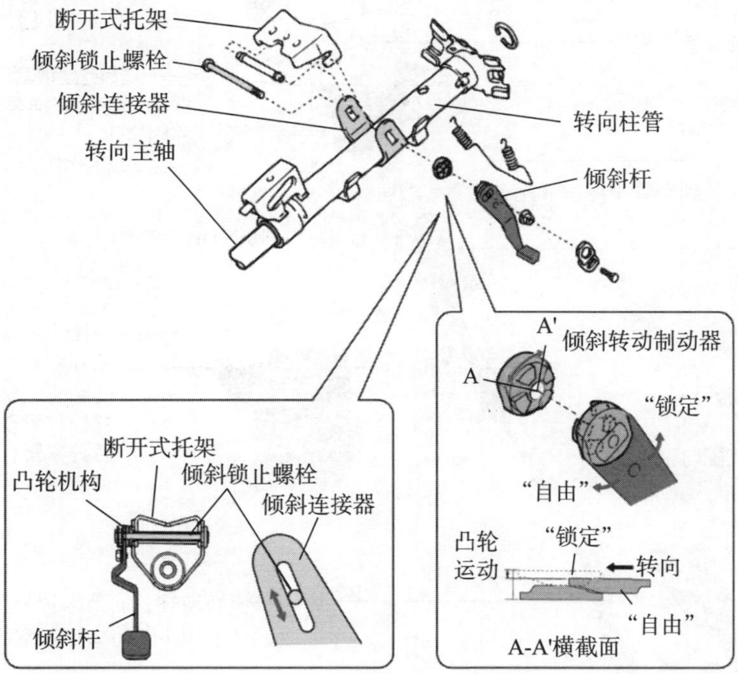

图1-15 下支点式倾斜转向机构的结构示意图

倾斜转动制动器旋转与倾斜杆操作一起进行。当倾斜杆处于锁定位置时，倾斜度向止动器的最高点向上抬起，并推止动器顶到断开式托架和倾斜固定件，锁紧断开式托架和倾斜固定件。另一方面，把倾斜杆移动到自由位置上，消除倾斜转动制动器上的高度差，然后可以以垂直方向调节转向管柱。

项目 3　装配转向操纵机构

一、知识链接

1. 转向操纵机构装配

转向操纵机构装配如图 1－16 所示。

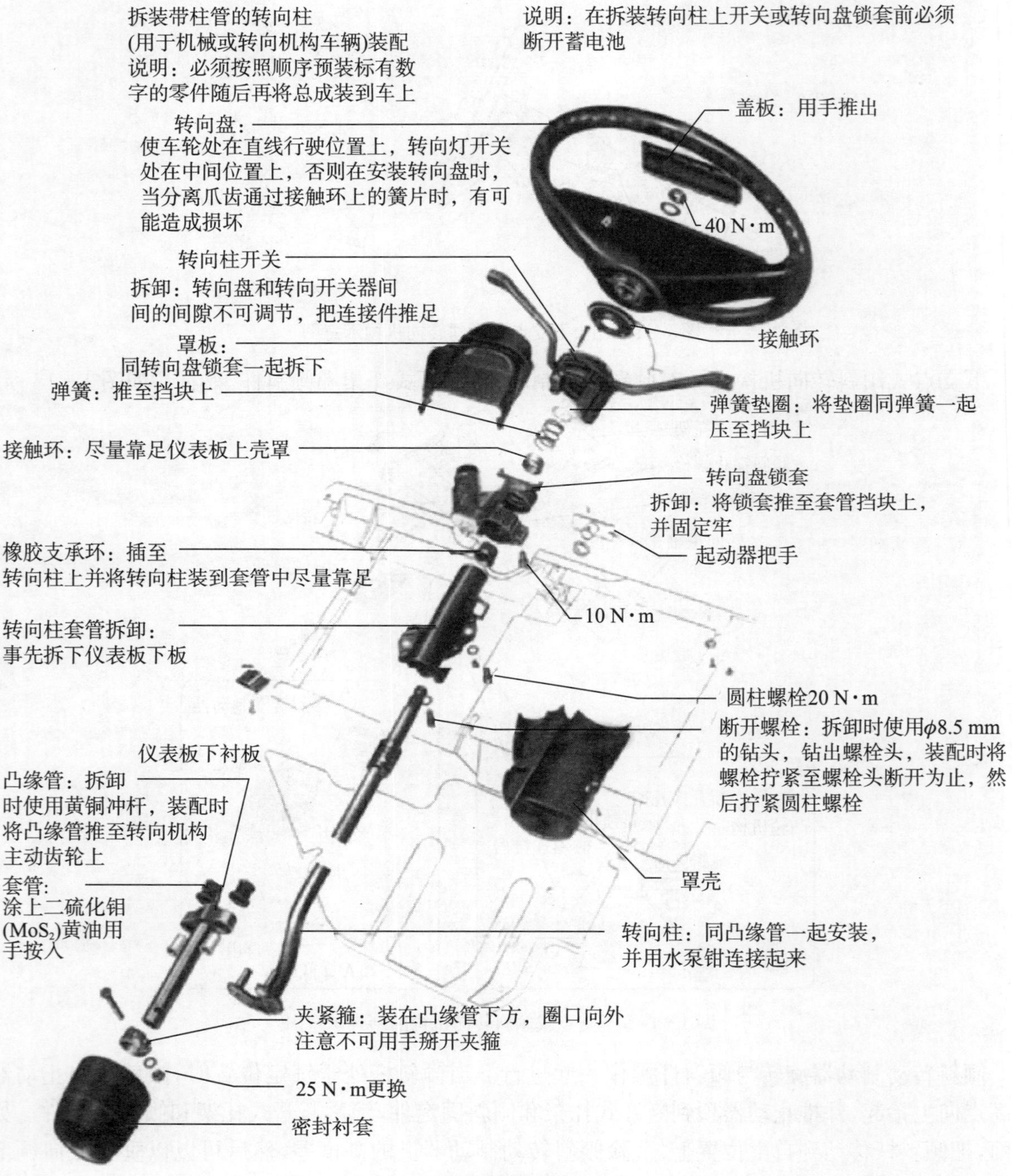

图 1－16　转向操纵机构装配图

2. 安装注意事项

(1) 转向柱与凸缘管应一起安装，并用水泵钳连接起来；

(2) 应将凸缘管推至转向机构主动齿轮上，夹紧箍圈口应向外，不可用手掰开夹箍；

(3) 装配转向柱管的断开螺栓时，应将螺栓拧紧至螺栓头断开为止，然后拧紧圆柱螺栓；

(4) 车轮应处于直线行驶位置，转向灯开关应处在中间位置，才可装转向盘，否则在安装转向盘时，当分离爪齿通过接触环上的簧片时，有可能造成损坏；

(5) 应更换所有的自锁螺母和螺栓，转向支柱如有损坏，不能焊接修理；

(6) 安装时应根据维修手册上的步骤进行操作。

二、制定方案

根据情境导入中的案例，需要对转向操纵机构进行安装。教师在组织教学的过程中，根据转向操纵机构的安装方案，带领学生安装转向操纵机构，以便熟练掌握安装转向操纵机构的方法，如表1-9所示。

表1-9　大众桑塔纳转向操纵机构安装方案表

	大众桑塔纳转向操纵机构装配方案	
车辆信息描述	车辆描述	大众桑塔纳1.8 L，行驶里程75 000 km，出厂时间：2009年7月
	故障现象	左右摆动转向盘时自由行程过大
设备/工具/耗材	设备：大众桑塔纳乘用车一辆或大众桑塔纳转向系统台架，举升机； 工具：套筒工具一套，开口扳手一套，扭力扳手； 耗材：车辆保护三件套，手套	
安全要求及注意事项	1. 安全要求： (1) 听从老师管理，禁止随意操作实训车辆、设备等； (2) 安全操作，禁止明火； (3) 注意在操作过程中的自我保护。 2. 操作注意事项： (1) 严格按照维修手册要求的流程进行操作； (2) 部件的安装要求参照知识链接的内容； (3) 各螺栓拧紧力矩符合要求； (4) 根据拆卸时所做的记号装配； (5) 注意正确操作举升机	
工作步骤	1. 按照标准力矩装配凸缘管； 2. 安装机械转向管柱的螺栓； 3. 将转向管柱总成与转向机根据标准力矩安装(对记号)； 4. 安装点火开关锁芯； 5. 将转向管柱总成安装在横梁上； 6. 安装组合灯开关刮水器组合开关； 7. 安装时钟弹簧； 8. 安装转向管柱护板； 9. 安装转向盘(根据拆装记号和标准力矩固定)； 10. 安装时钟弹簧与喇叭(安全气囊)线束； 11. 安装转向盘盖板(固定安全气囊)； 12. 安装转向管柱下侧护板； 13. 左右摆动转向盘检测自由行程	

教师对学生进行分组，每组选出一个小组长，小组长根据小组成员任务分工不同，确定不同任务的责任人。小组成员任务的划分可以参考下面的小组任务分配表，如表 1 - 10 所示。

表 1 - 10　小组任务分配表

	小组任务	个人职责(任务)	小组成员
1	任务前期准备工作	准备该任务的设备、工具、耗材	
2	安全检查	主要负责工具设备使用情况和操作工作的安全监督	
3	转向操纵机构安装	主要负责各部件安装	
4	调试检查	负责检查安装是否到位，转向盘位置是否正常	
5	竣工检查工作	检查所有的设备器材是否齐全	

实训中如果没有该车型，可以参考大众桑塔纳转向操纵机构安装方案，并查阅该车型的维修手册，制定出该车型转向操纵机构安装方案，如表 1 - 11 所示。

表 1 - 11　转向操纵机构装配方案表

	______乘用车转向操纵机构安装方案	
车辆信息描述	车辆描述	
	故障现象	
设备/工具/耗材要求		
安全要求及注意事项		
工作步骤		

三、实施

依据制定的方案实施，填写项目单，如表 1－12 所示。

表 1－12　实训结果项目表

	车型：	转向操纵机构形式：	
步骤	零部件名称	装配的螺栓数量	是否紧固
1	各转向节安装		
2	安装点火开关锁芯		
3	转向管柱安装到横梁		
4	安装各组合开关		
5	安装转向管柱护板		
6	安装转向盘		
7	安装转向盘盖板(主安全气囊)		
8	安装仪表台下护板		

四、作业

1. 通过实训后完善本项目的实施方案。

2. 根据实训车型写出该车转向操纵机构的组成。

五、知识拓展

伸缩转向机构可以向前或向后调整转向盘位置以适合驾驶人的姿态。伸缩机构由滑动轴管、两个楔形锁定块、止动器螺栓及伸缩调整杆等组成。

楔形锁定块移动和伸缩调整杆操作可同时进行。当楔形调整杆处于锁定位置时，伸缩调整杆就压住楔形锁定块顶到滑动轴管，锁定滑动轴管。另一方面，当把伸缩调整杆移动到自由位置上时，在楔形锁定块与滑动轴管之间有间隙并且可以把转向管柱向前或向后进行调节，如图 1－17 所示。

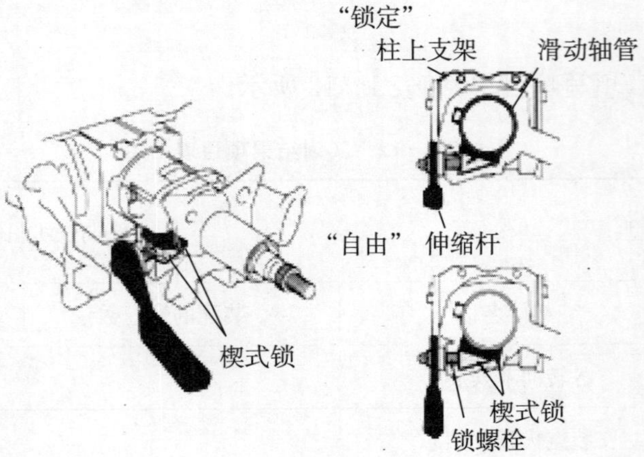

图 1－17　伸缩式转向示意图

检查与评估

1. 学生自我检查

学生通过对任务 1 的学习，独立结合实训车辆填写学习情况检查表(表 1－13)，以检测自己对任务 1 学习的掌握情况。

表 1－13　学习情况检查表

	是/否	阐述理由
1. 拆卸转向操纵系统时是否需要断开蓄电池？		
2. 拆卸万向节时是否需要做记号？		
3. 拆卸转向盘是否需要使用专用工具？		
4. 转向盘的自由行程是否可以检测？		
5. 转向操纵机构部件是否会导致转向异响？		
6. 转向节间隙是否会影响转向盘自由行程？		
7. 安装螺栓时是否需要使用标准力矩？		
8. 安装转向盘是否需要使用专用工具？		
9. 你的安装顺序是否和拆卸顺序相反？		

2. 指导教师评估

指导老师在整个教学过程中，关注每个活动小组的工作过程以及小组成员的动手能力，并对小组成员动手能力进行考核，如表 1－14 所示。

表1－14　指导教师评估表

	考核量化指标	分值(总分)	学生得分
1	能时刻注意保护车辆安全	5	
2	能时刻注意自我的人身保护	5	
3	使用工具熟练程度	5	
4	能够积极完成本职工作	10	
5	能够熟练查询维修手册	10	
6	能够根据流程拆卸转向操纵机构	15	
7	能够根据流程检测转向操纵机构	15	
8	能够根据流程安装转向操纵机构	15	
9	能够完成实训结果项目表的填写	10	
10	能够完成学习情况检查表的填写	10	
总计			

任务2　拆装与检修转向机和转向传动机构

任务描述

一、学习目标

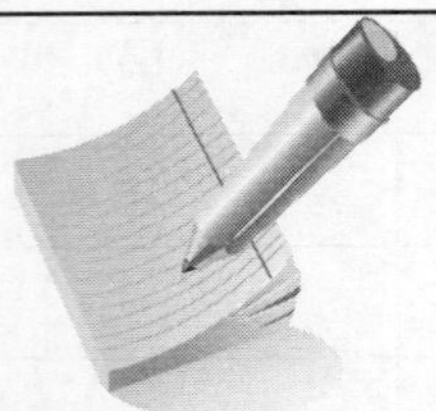	1. 能够完成转向机拆装与检修； 2. 能够完成转向横拉杆球头拆装与检修； 3. 能够完成转向机和传动机构拆装与检修

二、学习内容

	1. 大众桑塔纳转向横拉杆拆卸； 2. 大众桑塔纳转向横拉杆检测； 3. 大众桑塔纳转向横拉杆安装； 4. 大众桑塔纳转向机拆卸； 5. 大众桑塔纳转向机检测； 6. 大众桑塔纳转向机安装

项目1　拆卸转向机及横拉杆总成

一、知识链接

1. 转向机

转向机可增大转向盘传到转向节的力，并改变力的传递方向。按照传动形式可分为齿轮齿条式、循环球式、蜗杆曲柄指销式，如图1－18—图1－20所示。乘用车通常以齿轮齿条式转向机最常见。齿轮齿条转向机设计有两种类型：端部输出(ETO)和中部输出(CTO)，如图1－21所示。

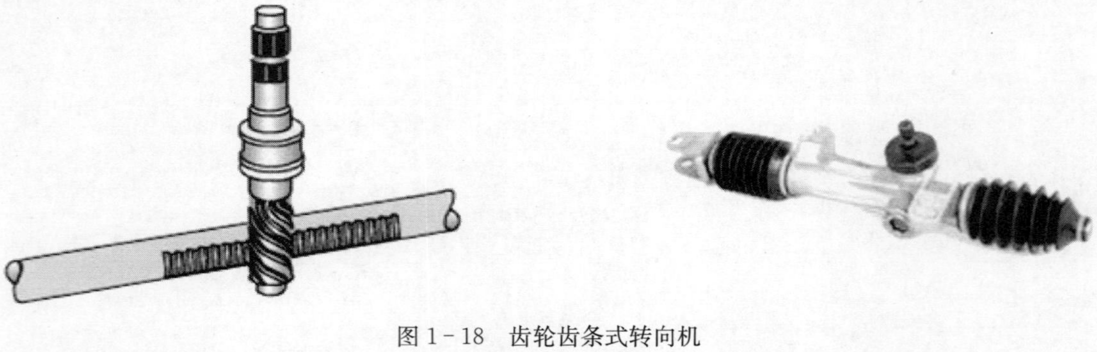

图1－18　齿轮齿条式转向机

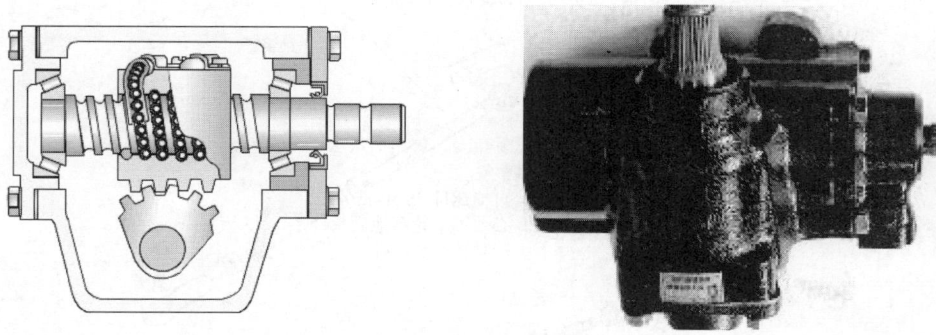

图 1-19 循环球式转向机

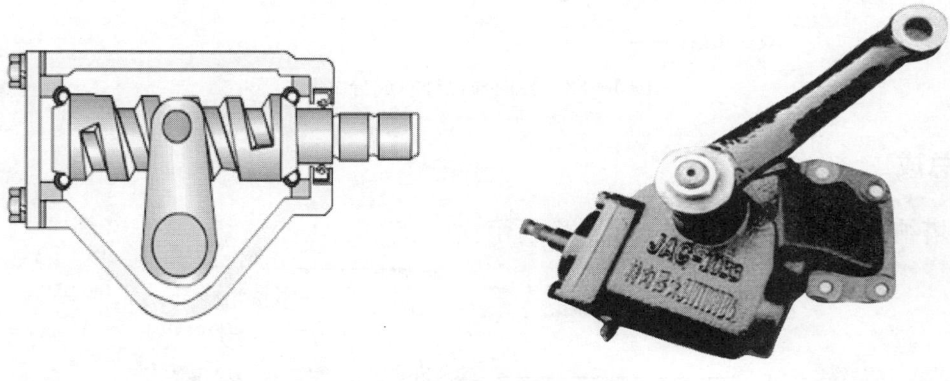

图 1-20 蜗杆曲柄指销式转向机

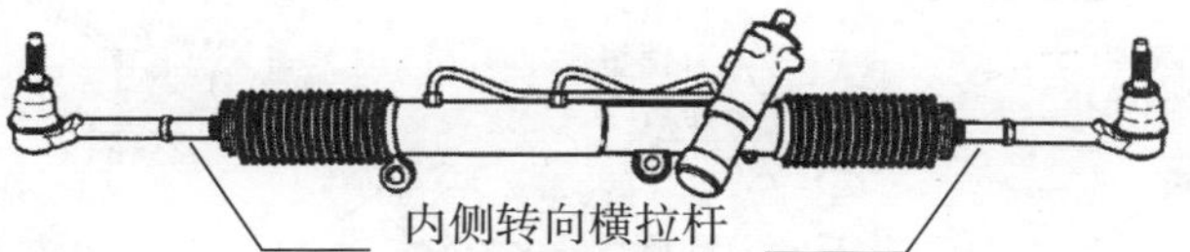

(a) 端部输出

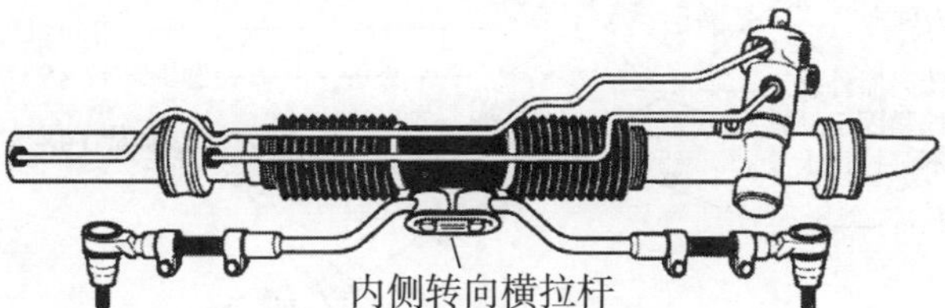

(b) 中部输出

图 1-21 齿轮齿条式转向机的类型

2. 转向传动机构

转向传动机构可将转向机输出的力传给转向轮，使两侧转向轮偏转以实现汽车转向，并保证左右转向轮的偏转角按一定关系变化。转向传动机构由转向横拉杆、球头及转向摇臂等组成。

3. 大众桑塔纳转向横拉杆总成

大众桑塔纳采用的是中部输出的齿轮齿条式转向机，转向横拉杆总成分解如图 1-22 所示。

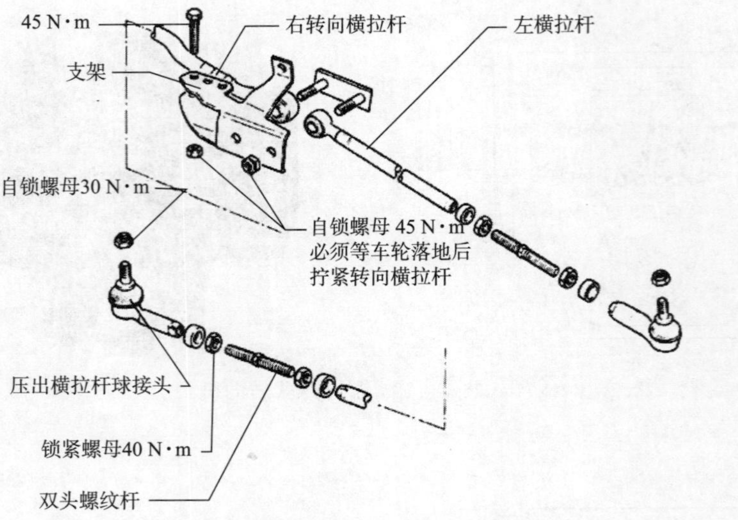

图 1-22 转向横拉杆总成分解图

4. 转向机总成

大众桑塔纳转向机总成分解如图 1-23 所示。

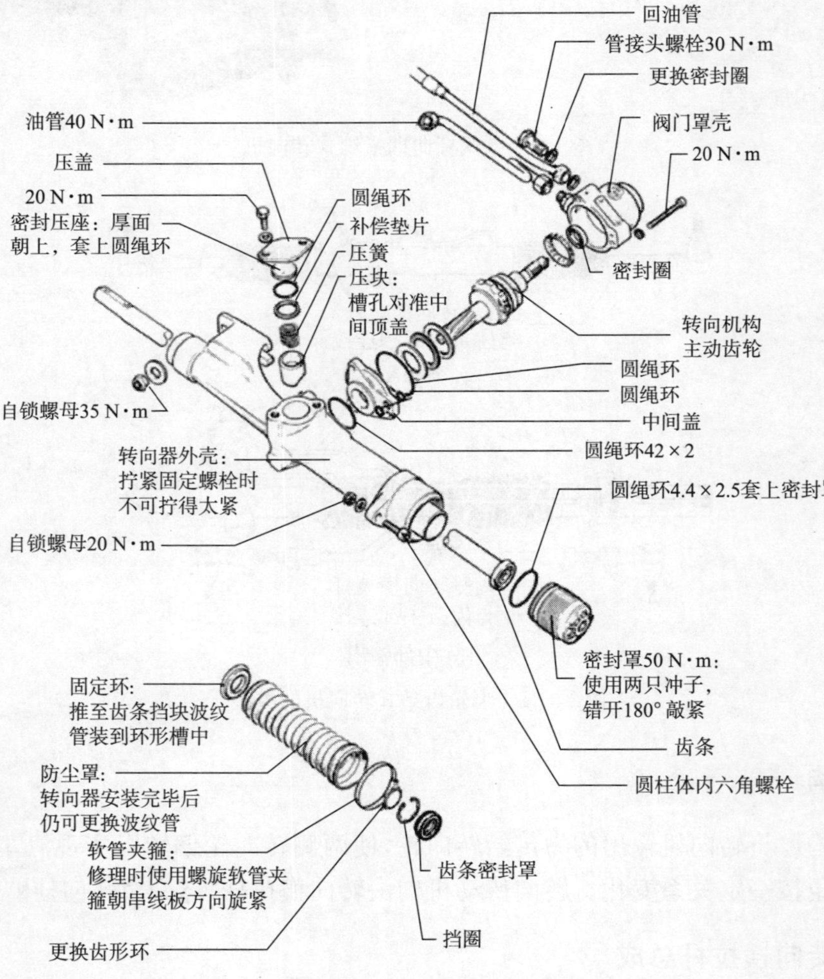

图 1-23 转向机总成分解图

5. 转向横拉杆球头拆卸工具

转向横拉杆球头拆卸工具如图 1－24 所示。

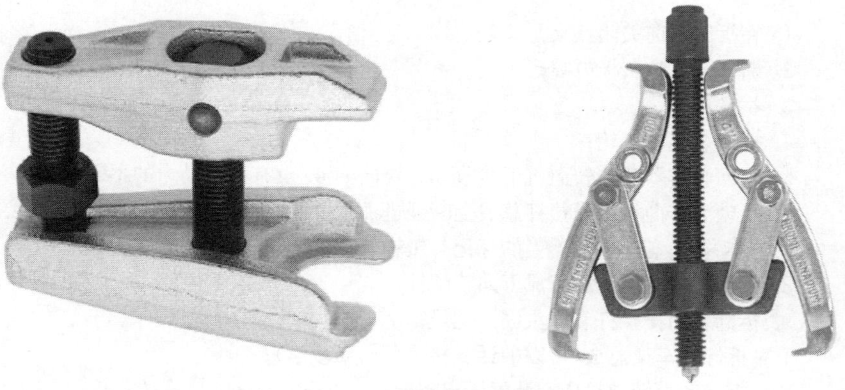

图 1－24　转向横拉杆球头拆卸工具

二、制定方案

根据情境导入中的案例，需要对转向机带横拉杆总成进行拆卸。教师在组织教学的过程中，根据转向机带横拉杆总成的拆卸方案，带领学生拆卸转向机带横拉杆总成，以便熟练掌握拆卸转向机带横拉杆的方法，如表 1－15 所示。

表 1－15　大众桑塔纳转向机带横拉杆总成拆卸方案表

	大众桑塔纳转向机带横拉杆总成拆卸方案	
车辆信息描述	车辆描述	大众桑塔纳 1.8 L，行驶里程 75 000 km，出厂时间：2009 年 7 月
	故障现象	左右摆动转向盘时自由行程过大；低速转向发动机舱有“吱吱”异响并且转向沉重
设备/工具/耗材	设备：大众桑塔纳乘用车一辆，转向系统总成一套，举升机，翼子板护垫； 工具：可调扭力扳手，横拉杆拆装工具(专用拉马)，棘轮扳手，常规工具一套； 耗材：抹布，记号笔	
安全要求及注意事项	1. 安全要求： (1) 严格按照维修手册要求的流程进行操作； (2) 对特殊零部件的拆解要使用专用工具； (3) 听从老师管理，禁止随意操作实训车辆、设备等； (4) 安全操作，禁止明火； (5) 注意劳动保护。 2. 操作注意事项： (1) 正确使用举升机及工具； (2) 操作必须在老师的指导下进行； (3) 严格按要求进行拆卸项目作业； (4) 拆装转向系统总成时，应首先拆下蓄电池负极线，切断汽车电源； (5) 对特殊零部件的拆解要使用专用工具； (6) 取出、安装转向机总成时，应安全小心，防止落地伤人； (7) 不要磕碰横拉杆齿条； (8) 拆卸横拉杆之前做好记号； (9) 拆卸转向横拉杆球头链接螺母时观察是否有定位销或者需要专用工具固定位置	

（续表）

	大众桑塔纳转向机带横拉杆总成拆卸方案
工作步骤	1. 在拆卸之前关闭点火开关； 2. 断开蓄电池负极电缆； 3. 举升车辆； 4. 拆卸 2 个前车轮； 5. 将回收容器放在转向机下接收动力转向油液（没有液压助力的不需要操作）； 6. 从动力转向机带横拉杆总成上断开进油管、回油管（没有液压助力的不需要操作）； 7. 转动转向盘使连轴器上的标记与短轴外壳标记对齐（锁止转向盘）； 8. 拆卸机械转向管柱总成万向节螺栓； 9. 拆卸转向横拉杆和球头固定螺母； 10. 拆卸副车架总成（可以的话直接采用台架教学）； 11. 拆卸动力转向机固定装置固定螺栓； 12. 拆卸动力转向机与副车架固定螺栓； 13. 从副车架上取下动力转向机带横拉杆总成； 14. 拆卸转向横拉杆； 15. 根据教学需要可根据分解图分解转向机（维修时转向机只能更换总成）

教师对学生进行分组，每组选出一个小组长，小组长根据小组成员任务分工不同，确定不同任务的责任人。小组成员任务的划分可以参考下面的小组任务分配表，如表 1－16 所示。

表 1－16　小组任务分配表

	小组任务	个人职责（任务）	小组成员
1	任务前期准备工作	准备该任务的设备、工具、耗材	
2	安全检查	主要负责工具设备使用情况和操作工作的安全监督	
3	拆卸转向机	负责拆卸转向机	
4	拆卸横拉杆	负责横拉杆及球头拆卸操作	
5	辅助操作	负责拆卸部件摆放	
6	竣工检查工作	检查所有的设备器材是否齐全	

实训中如果没有该车型，可以参考大众桑塔纳转向机及横拉杆总成拆卸方案，并查阅该车型的维修手册，制定出该车型转向机及横拉杆总成拆卸方案，如表 1－17 所示。

表 1-17　转向机带横拉杆总成拆卸方案表

	________乘用车转向机带横拉杆总成拆卸方案	
车辆信息描述	车辆描述	
	故障现象	
设备/工具/耗材		
安全要求及注意事项		
工作步骤		

三、实施

依据制定方案实施，并填写项目单，如表 1-18 所示。

表 1-18　实训结果项目表

	拆卸步骤	工具/辅具	零部件	注意事项
1	断开蓄电池负极电缆			
2	拆卸机械转向管柱总成万向节螺栓			
3	从动力转向机带横拉杆总成上断开进油管、回油管			
4	拆卸动力转向机固定装置固定螺栓			
5	拆卸转向横拉杆和球头固定螺母			

四、作业

1. 通过实训后完善本任务的实施方案。

2. 根据拆卸下来的转向机，观察哪些部位容易损坏？

3. 思考：当乘用车转向机出现故障，为什么专业维修店通常都不维修而直接建议更换？

五、知识拓展

齿轮齿条式转向机为两端输出式，转向机齿条本身就是转向传动机构的一部分，转向横拉杆的内端通过球头销与齿条铰接，外端通过螺纹与连接转向节的球头销总成相连，如图 1－25 所示。需要调整前束时，松开锁紧螺母，转动横拉杆体，达到合理的前束值时，再将锁紧螺母锁紧。

齿轮齿条式转向机为中间输出式，横拉杆的内端通过内、外托架和螺栓与转向机齿条的一端相连，外端通过球头销与转向节铰接，如图 1－26 所示。由于横拉杆体不能绕自身轴线转动，为调整前束，在横拉杆体与球头销之间装有调节螺栓，螺栓两端的螺纹旋向相反，并各旋装一个锁紧螺母。当需要调前束时，先拧松两端的锁紧螺母，然后转动调节螺栓，达到合理的前束值时，再将锁紧螺母锁紧。

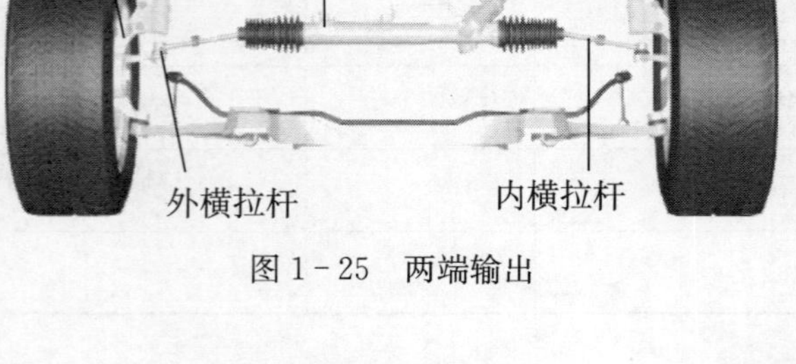

图 1－25　两端输出

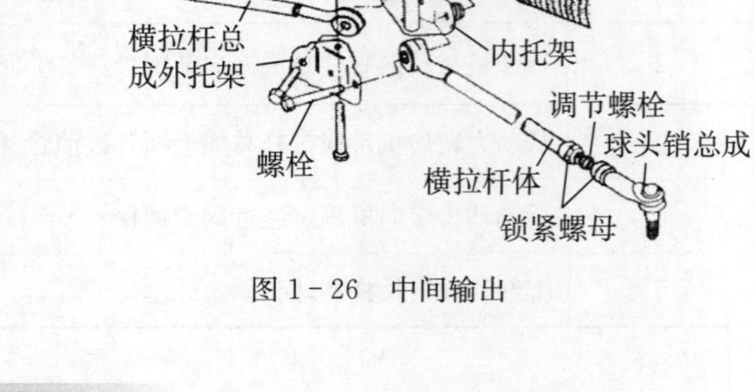

图 1－26　中间输出

项目2　检查转向机及转向横拉杆总成

一、知识链接

1. 试车检查

举起车辆，目视检查转向机防尘套是否良好，转动转向盘时防尘套应没有阻碍、磨损的情况；左右晃动车轮和横拉杆等零部件，应没有松旷。

左右摆动车轮，检查转向机和横拉杆球头的间隙及阻力大小，如图1-27所示。

图1-27　转向机及横拉杆球头间隙检查

2. 检查转向机

(1) 检查外观是否有裂纹或者漏油现象，如图1-28所示。

(2) 转向齿条的直线误差不得大于0.30 mm。

(3) 齿面上应无疲劳剥蚀及严重磨损，若出现左右大转角时转向沉重，且又无法调整应更换。

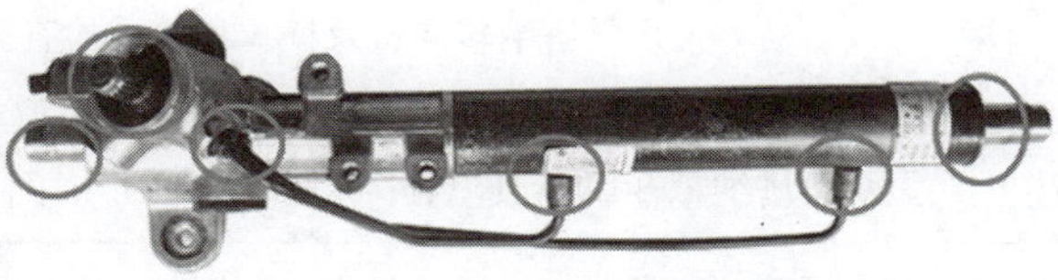

图1-28　转向机

3. 调整转向机间隙

转向机两端左右摆动松紧程度，可以根据调整螺栓调整间隙，如图1-29所示。

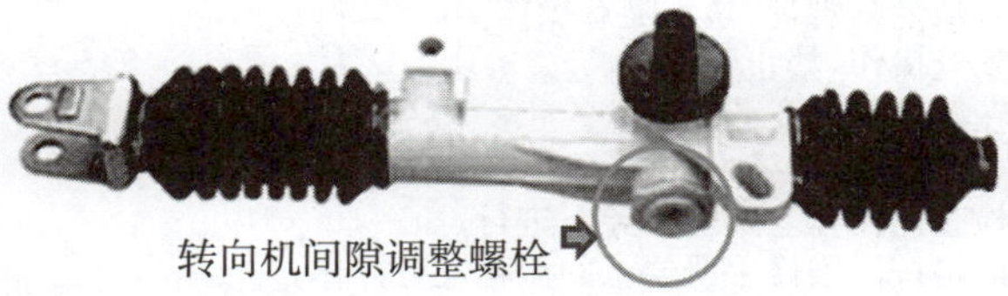

图1-29　转向机间隙调整

4. 转向横拉杆球头

检查球头橡胶件是否破损，摆动球头感觉是否间隙过大，如图 1－30 所示。

图 1－30　横拉杆球头

5. 转向横拉杆

转向横拉杆与转向机连接处通常会有防尘护套，观察是否破损，检查横拉杆是否变形、接头位置是否磨损，如图 1－31 所示。

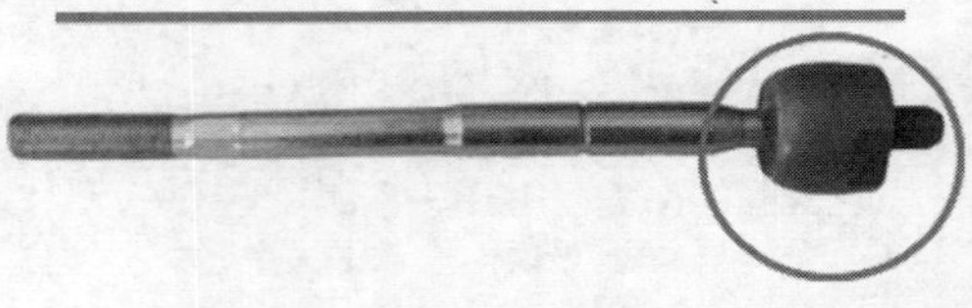

图 1－31　转向横拉杆

二、制定方案

根据情境导入中的案例，需要对转向机及转向横拉杆总成进行检查。教师在组织教学的过程中，根据转向机及转向横拉杆总成的检查方案，带领学生检查转向机及转向横拉杆总成，以便熟练掌握检查转向机及转向横拉杆的方法，如表 1－19 所示。

表 1－19　大众桑塔纳转向机及横拉杆总成检查方案表

	大众桑塔纳转向机及横拉杆总成检查方案	
车辆信息描述	车辆描述	大众桑塔纳 1.8 L，行驶里程 75 000 km，出厂时间：2009 年 7 月
	故障现象	左右摆动转向盘时自由行程过大；低速转向时发动机舱有“吱吱”异响并且转向沉重
设备/工具/耗材	设备：大众桑塔纳乘用车一辆，转向系统总成一套，举升机一台，翼子板护垫； 工具：工作灯； 耗材：抹布，手套	
安全要求及注意事项	1. 安全要求： (1) 听从老师管理，禁止随意操作实训车辆、设备等； (2) 安全操作，禁止明火； (3) 在检查时注意劳动保护。 2. 操作注意事项： (1) 检查操作在老师的指导下进行； (2) 严格按照维修手册要求的流程进行操作； (3) 不要磕碰横拉杆齿条； (4) 检查转向机时注意不要磕碰油管； (5) 注意记录故障点	

（续表）

	大众桑塔纳转向机及横拉杆总成检查流程
工作步骤	1. 举升车辆； 2. 左右摆动轮胎检查转向机和转向横拉杆球头的松旷程度； 3. 在不发动车辆情况下，将转向盘向左右两侧慢慢转向极限位置，感觉阻力大小； 4. 检查转向横拉杆； 5. 检查转向横拉杆球头胶套； 6. 检查转向机：检查转向机外部是否有明显开裂或者漏油的现象（转向机一般不能拆卸维修只能更换总成）

教师对学生进行分组，每组选出一个小组长，小组长根据小组成员任务分工不同，确定不同任务的责任人。小组成员任务的划分可以参考下面的小组任务分配表，如表1－20所示。

表1－20　小组任务分配表

	小组任务	个人职责（任务）	小组成员
1	任务前期准备工作	准备该任务的设备、工具、耗材	
2	安全检查	主要负责工具设备使用情况和操作工作的安全监督	
3	转向机检查	负责转向机检查操作	
4	横拉杆检查	负责转向横拉杆和球头的检查操作	
5	辅助操作	负责记录故障部件，提供维修方案	
6	竣工检查工作	检查所有的设备器材是否齐全	

实训中如果没有该车型，可以参考大众桑塔纳转向机及横拉杆总成的检查方案，并查阅该车型的维修手册，制定出该车型转向机及横拉杆总成检查方案，如表1－21所示。

表1－21　转向机及横拉杆总成检查方案表

	________乘用车转向机及横拉杆总成检查方案	
车辆信息描述	车辆描述	
	故障现象	
设备/工具/耗材		
安全要求及 注意事项		

（续表）

	________乘用车转向机及横拉杆总成检查方案
工作步骤	

三、实施

依据制定方案实施，并填写项目单，如表 1－22 所示。

表 1－22　实训结果项目表

	零部件名称	故障点	维修方案
1	转向横拉杆球头		
2	转向横拉杆		
3	左右防护套		
4	转向机		

四、作业

1. 通过实训后完善本项目的实施方案。

2. 转向机根据助力方式不同可以分成哪几种？请列举具体车型。

五、知识拓展

1. 与非独立悬架配用的转向传动机构

与非独立悬架配用的转向传动机构一般由转向摇臂、转向直拉杆、转向节臂和转向梯形等零部件共同组成，其中转向梯形由梯形臂、转向横拉杆和前轴共同构成，如图1-32所示。各杆件之间都采用球形铰接连接，并设有防止松脱、缓冲吸振和自动消除磨损后的间隙等结构措施。

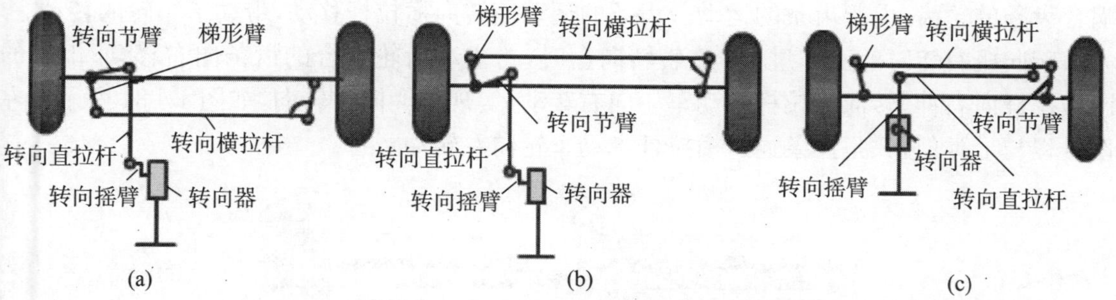

图1-32　与非独立悬架配用的转向传动机构示意图

当前桥仅为转向桥时，由左、右梯形臂和转向横拉杆组成的转向梯形一般布置在前桥之后(图1-32(a))，称为后置式，这种布置简单方便。当发动机位置较低或前桥为转向驱动桥时，为避免运动干涉，往往将转向梯形布置在前桥之前(图1-32(b))，称为前置式。若转向摇臂是在与路面平行的平面内左右摆动，则可将转向直拉杆横向布置，并用球头销直接带动转向横拉杆，从而使左右梯形臂转动(图1-32(c))。

2. 与独立悬架配用的转向传动机构

当转向轮采用独立悬架时，为了满足转向轮独立运动的需要，转向桥是断开式的，转向传动机构中的转向梯形也必须断开。

与独立悬架配用的多数是齿轮齿条式转向机，其形式有两端输出式和中间输出式，如图1-33所示。转向机布置在车身上，转向横拉杆通过球头销与齿条及转向节臂相连。

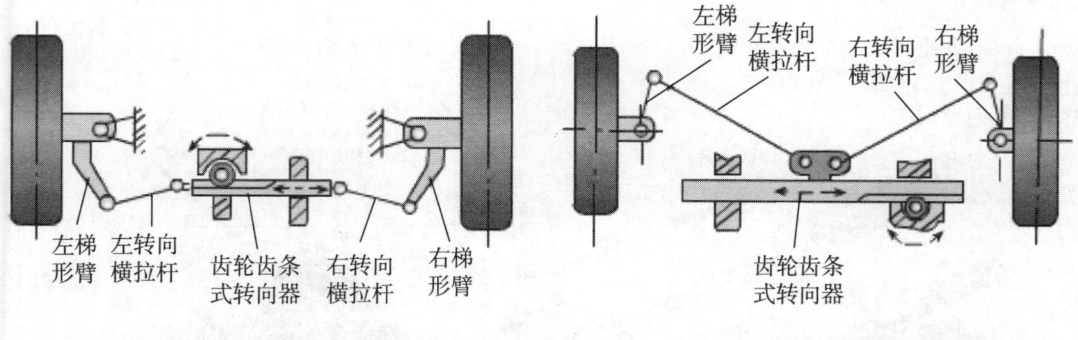

(a) 两端输出齿轮齿条式转向器　　(b) 中间输出齿轮齿条式转向器

图1-33　与独立悬架配用的转向传动机构示意图

项目3　安装转向机及横拉杆总成

一、知识链接

1. 齿轮齿条式转向机

齿轮齿条式转向机通常用于乘用车、微型货车和轻型货车上，适合与麦弗逊式独立悬架配合使用，现在几乎所有乘用车都采用齿轮齿条式转向机系统。采用齿轮齿条式转向机可以使转向传动机构简化(不需要转向摇臂和转向直拉杆等),齿轮齿条无间隙啮合无需调整,而且逆传动效率很高。

齿轮齿条式转向机是把转向盘的旋转运动转变为横向运动。当转向盘转动时,主动齿轮的轮齿就啮合齿条的轮齿,引起齿条的运动。齿条的运动使转向横拉杆移动,带动了车轮的转动。

齿条转向机右转时的工作过程:右转转向盘时,与主动齿轮啮合的齿条向右移动;齿条的右移使转向横拉杆向右伸;转向横拉杆带动车轮向右转动,实现车辆向右转向,如图 1-34 所示。左转向时工作过程与上类似,只是齿条通过横拉杆带动车轮向左转动。

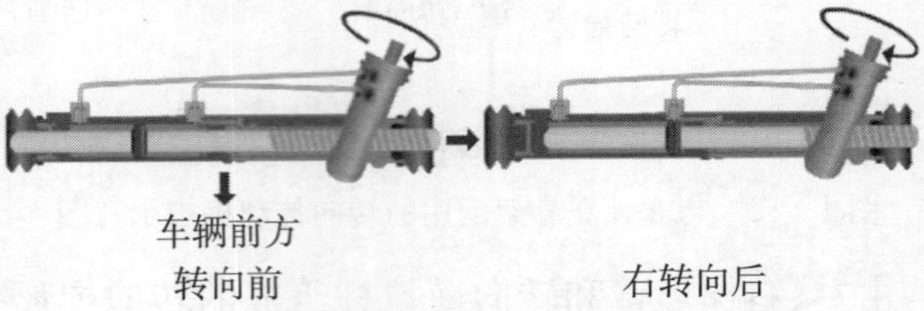

图 1-34　齿轮齿条式转向机右转时工作过程示意图

齿轮齿条式转向机的特点:结构紧凑、简单和轻便,齿轮箱小,并且齿条本身可用作转向传动机构;直接齿轮啮合,转向反应非常灵敏;滑动和转动阻力小,转矩传送好,转向轻;转向齿轮组件完全密封,因此不需要维护。

2. 转向机及转向横拉杆总成装配

转向机及转向横拉杆总成装配,如图 1-35 所示。

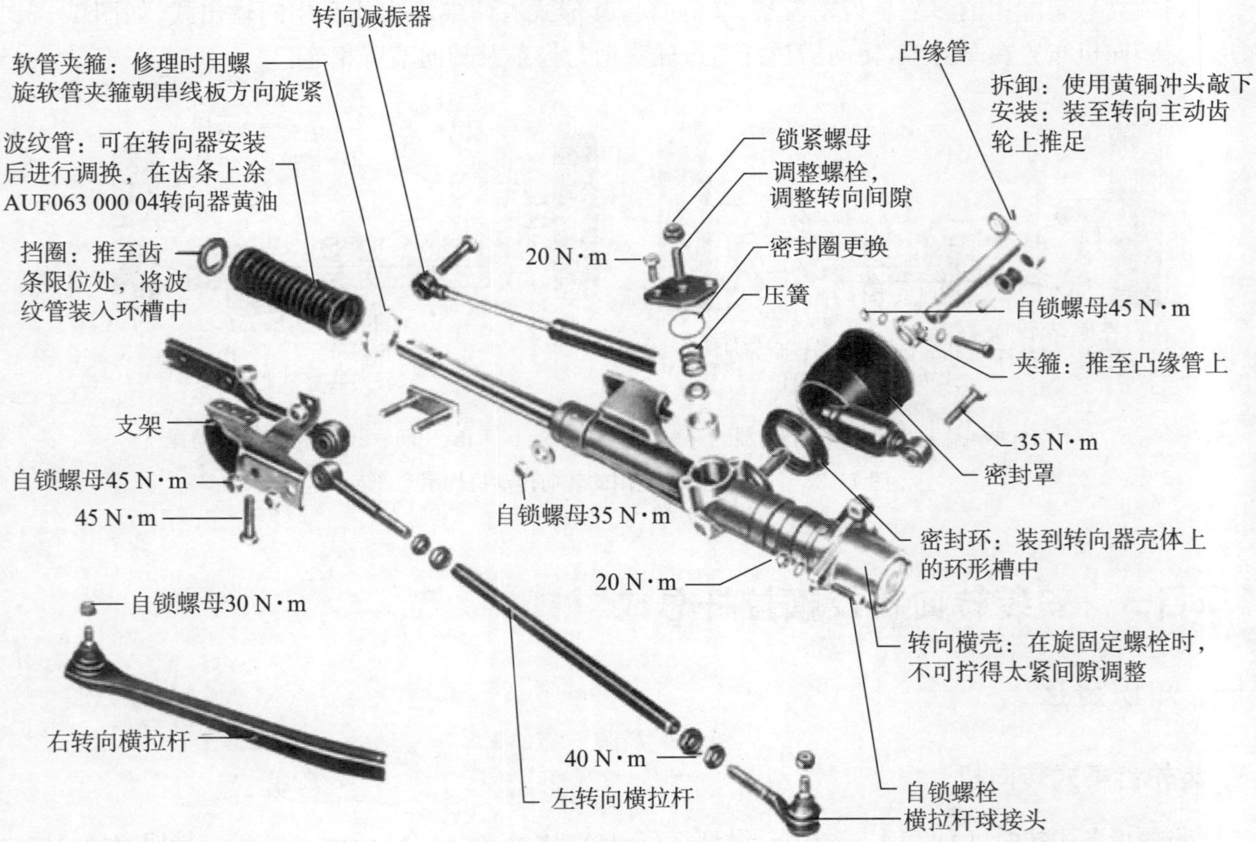

图 1-35　转向机带转向横拉杆总成

二、制定方案

根据情境导入中的案例，需要对转向机及横拉杆总成进行安装。教师在组织教学的过程中，根据转向机及横拉杆总成的安装方案，带领学生安装转向机及横拉杆总成，以便熟练掌握安装转向机及横拉杆总成的方法，如表 1 - 23 所示。

表 1 - 23　大众桑塔纳转向机及横拉杆总成安装方案表

	大众桑塔纳转向机及横拉杆总成安装方案	
车辆信息描述	车辆描述	大众桑塔纳 1.8 L，行驶里程 75 000 km，出厂时间：2009 年 7 月
	故障现象	左右摆动转向盘时自由行程过大；低速转向时发动机舱有“吱吱”异响并且转向沉重
设备/工具/耗材	设备：大众桑塔纳乘用车一辆，转向系统总成一套，举升机一台； 工具：可调扭力扳手，套筒工具一套，棘轮扳手，开口扳手一套，螺丝刀工具一套，卡钳等； 耗材：抹布	
安全要求及注意事项	1. 安全要求： (1) 严格按照维修手册要求的流程进行操作； (2) 听从老师管理，禁止随意操作实训车辆、设备等； (3) 安全操作，禁止明火； (4) 注意劳动保护。 2. 操作注意事项： (1) 正确使用举升机及工具； (2) 操作必须在老师的指导下进行； (3) 严格按要求进行装配项目作业； (4) 严格按照维修手册中的流程进行操作； (5) 安装时必须应首先拆下蓄电池负极线，切断汽车电源； (6) 安装自锁螺母但不必完全拧紧； (7) 左右两根横拉杆调整到固定尺寸； (8) 更换所有转向油管的密封环	
工作步骤	1. 将转向横拉杆安装到转向机上； 2. 安装左右防护套； 3. 将转向机带横拉杆球头安装到横拉杆上； 4. 安装动力转向机与副车架固定螺栓； 5. 根据标记安装转向横拉杆和球头固定螺母(标记)； 6. 根据标记位置安装机械转向管柱总成联轴螺栓； 7. 安装动力转向机带横拉杆总成的进油管、回油管(根据车型)； 8. 左右打方向给转向油液管路排空气(根据车型)； 9. 加注转向助力油液(根据车型)； 10. 安装 2 个前车轮； 11. 降落车辆后根据标准力矩固定轮胎螺丝； 12. 连接蓄电池负极电缆； 13. 发动车轮检查转向是否轻便； 14. 更换新的零件需要做四轮定位(前束调整)	

教师对学生进行分组，每组选出一个小组长，小组长根据小组成员任务分工不同，确定不同任

务的责任人。小组成员任务的划分可以参考下面的小组任务分配表，如表 1－24 所示。

表 1－24　小组任务分配表

	小组任务	个人职责(任务)	小组成员
1	任务前期准备工作	准备该任务的设备、工具、耗材	
2	安全检查	主要负责工具设备使用情况和操作工作的安全监督	
3	维修手册数据查询	负责拆卸过程中技术监督	
4	转向机和横拉杆安装	负责部件安装操作	
5	辅助操作	负责安装步骤的协助工作	
6	竣工检查工作	检查所有的设备器材是否齐全	

实训中如果没有该车型，可以参考大众桑塔纳转向机及横拉杆总成装配方案，并查阅该车型的维修手册，制定出该车型转向机及横拉杆总成安装方案，如表 1－25 所示。

表 1－25　转向机及横拉杆总成安装方案表

	________乘用车转向机及横拉杆总成安装方案	
车辆信息描述	车辆描述	
	故障现象	
设备/工具/耗材		
安全要求及注意事项		
工作步骤		

三、实施

依据制定方案实施，并填写项目单，如表 1－26 所示。

表 1－26　实训结果项目表

	零部件名称	使用工具	螺栓数量	力矩	注意事项
1	转向机防护套				
2	转向横拉杆				
3	转向横拉杆球头				
4	转向机				
5	轮胎				
6	蓄电池				

四、作业

1. 通过实训后完善本项目的实施方案。

2. 根据安装大众桑塔纳转向机带横拉杆总成，总结操作要领及注意事项。

五、知识拓展

1. 循环球式转向机

循环球式转向机，如图 1－36 所示。

循环球式转向机中一般有两级传动副，第一级是螺杆螺母传动副，第二级是齿条齿扇传动副。通常用于部分后轮驱动车辆、货车和大多数四轮驱动的车辆上。循环球式转向机也被称为整体式转向机。其在螺杆螺母传动副中加进了传动元件——钢球。螺杆转动时，通过钢球将力传给转向螺母，使螺母沿轴向移动。同时，在螺杆、螺母和钢球间的摩擦力矩作用下，所有钢球便在螺旋管状通道内滚动，形成“球流”。

循环球式转向机特性：正传动效率高(最高可达 90％～95％)，自动回正作用较好，故操纵轻便，磨损小，使用寿命长。但其逆传动效率也很高，路面冲击力很容易反传递至转向盘上，出现“打手”的感觉，并易发生转向盘抖动和摆振现象。

循环球式转向机的扇形齿轮有定传动比和变传动比两种形式。

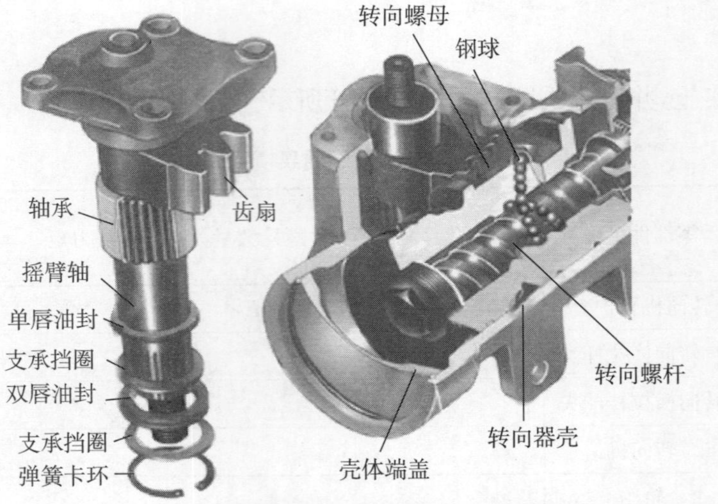

图 1-36　循环球式转向机结构示意图

2. 蜗杆曲柄指销式转向机

蜗杆曲柄指销式转向机是以蜗杆为主动件，曲柄销为从动件的转向机。蜗杆具有梯形螺纹。手指状的锥形指销用轴承支承在曲柄上，曲柄与转向摇臂轴制成一体。具有梯形截面螺纹的转向蜗杆支承在转向机壳体两端的球轴承上。当转向蜗杆随转向盘转动时，指销沿蜗杆螺旋槽上下移动，并带动曲柄及摇臂轴转动，如图 1-37 所示。

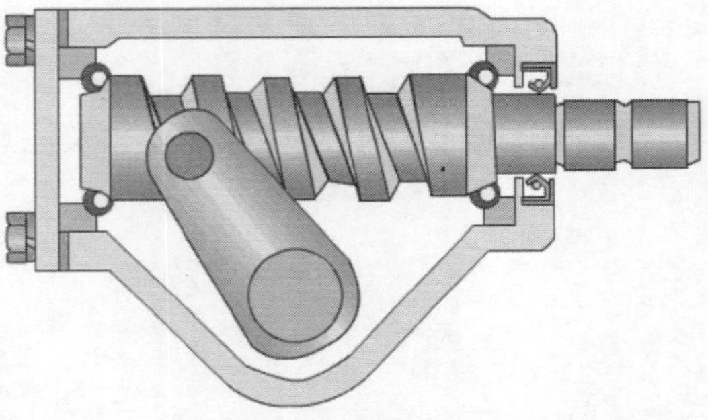

图 1-37　蜗杆曲柄指销式转向机示意图

转向时，通过转向盘转动蜗杆，嵌于蜗杆螺旋槽中的锥形指销一边自转、一边绕转向摇臂轴做圆弧运动，从而带动曲柄和转向垂臂摆动，再通过转向传动机构使转向轮偏转。这种转向机通常用于转向力较大的载货汽车上。

蜗杆曲柄指销式转向机的特点：指销全部是在滚动摩擦的情况下工作，因而传动效率高，操纵轻便。由于采用分段式转向轴，便于整车的布置和维修，并提高了行车的安全性，也有助于转向机系列化生产。

检查与评估

1. 学生自我检查

学生通过对任务 2 的学习，独立结合实训车辆填写学习情况检查表(表 1-27)，以检测自己对任务 2 学习的掌握情况。

表1-27　学习情况检查表

	拆装项目	工具	力矩	检测结果	处理意见	注意事项
1	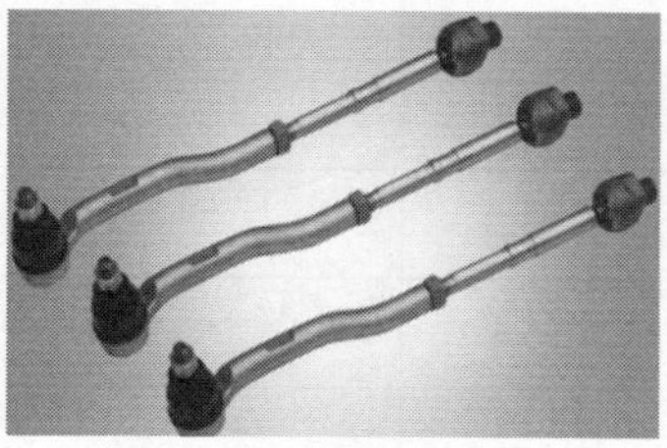					
2	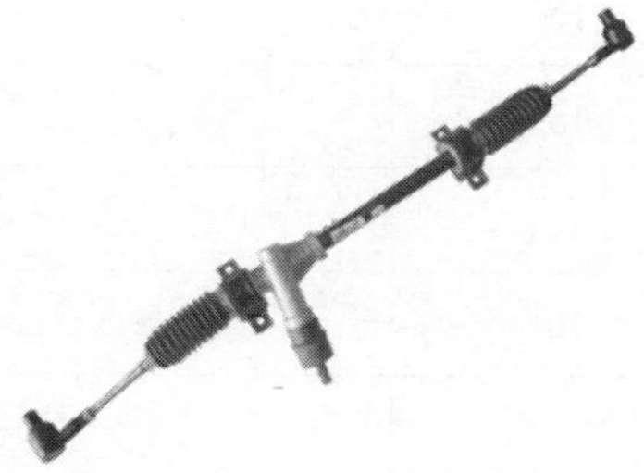					

根据大众桑塔纳转向机总成分解图注明1～21的零件名称

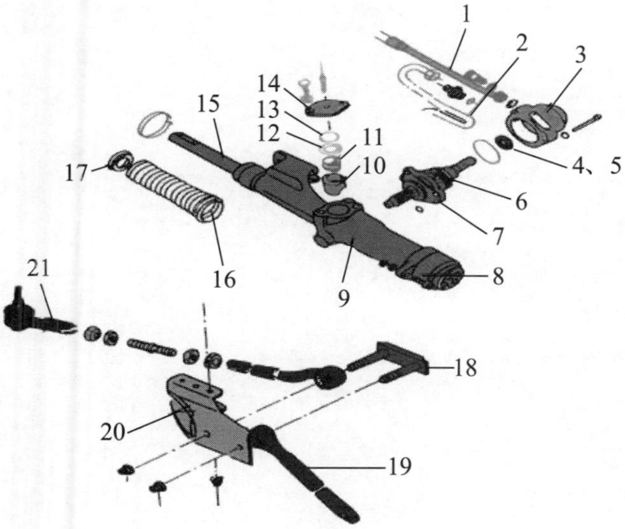

2. 指导教师评估

指导老师在整个教学过程中,关注每个活动小组的工作过程以及小组成员的动手能力,并对小组成员动手能力进行考核,如表1-28所示。

表 1-28 指导教师评估表

	考核量化指标	分值(总分)	学生得分
1	能时刻注意保护车辆安全	5	
2	能时刻注意自我的人身保护	5	
3	使用工具熟练程度	5	
4	能够积极完成本职工作	10	
5	能够熟练查询维修手册	10	
6	能够根据流程拆卸转向机带转向横拉杆总成	15	
7	能够根据流程检测转向机带转向横拉杆总成	15	
8	能够根据流程安装转向机带转向横拉杆总成	15	
9	能够完成实训结果项目表的填写	10	
10	能够完成学习情况检查表的填写	10	
总计			

任务3　拆装与检修液压助力转向系统

任务描述

一、学习目标

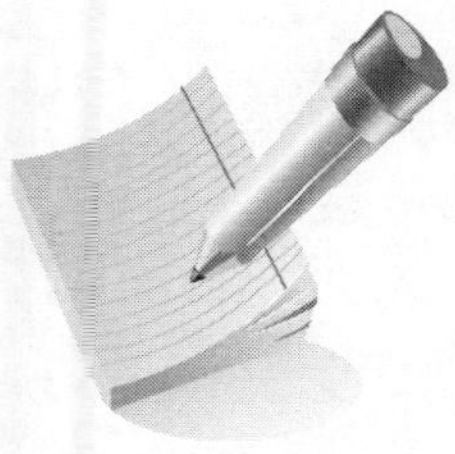

1. 能够完成液压助力转向系统检测与维修；
2. 能够完成转向油泵拆装检查与更换；
3. 能够完成转向油液的更换

二、学习内容

1. 大众桑塔纳转向油泵驱动皮带检查；
2. 大众桑塔纳转向助力油液检查；
3. 大众桑塔纳转向助力系统压力检测；
4. 大众桑塔纳转向油泵拆卸；
5. 大众桑塔纳转向油泵安装

项目1　检测液压助力转向系统

一、知识链接

1. 液压助力转向系统的组成

液压式动力转向系统由机械转向机、转向控制阀、转向动力缸以及将发动机输出的部分机械能转换为液压能的转向油泵、油罐等组成，如图1-38所示。

液压式动力转向系统按液流形式分为常流式和常压式两种。

2. 常压式液压助力转向系统原理图解

在转向机上，有一个能够随转向柱转动的机械阀，当转向盘没有左右转动时，活塞两侧腔室内压力一致，处于平衡状态。当转向盘转动时，连接在转向柱上的机械阀就会相应的打开或关闭，一侧油液不再经过液压缸而直接回流至储油罐，另一侧油液继续注入液压缸内，活塞两侧产生压差，便会在液力的作用下被推动，进而产生辅助力度推动转向拉杆，让车轮转向，使我们转动转向盘所需的力度大大减轻，如图1-39所示。

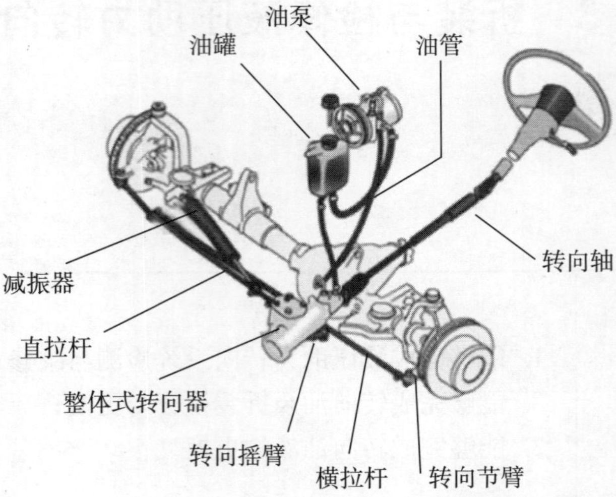

图 1-38　液压助力转向系统

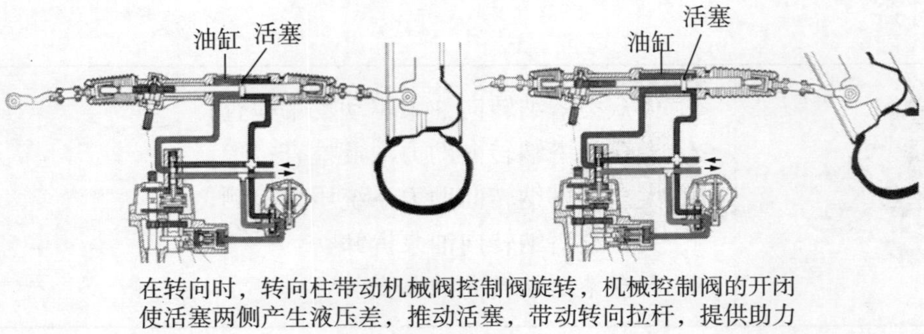

图 1-39　常压式液压助力转向

3. 检查转向油泵皮带张紧力

方法一：汽车停在干燥的路面上，运转发动机使油液上升到正常温度，左右转动转向盘，此时驱动皮带负荷最大，如果皮带打滑，说明皮带张紧度不够或油泵内有机械磨损。

方法二：关闭发动机，用手以约 100 N 的力从皮带的中间位置按下，皮带应有约 10 mm 挠度为合适，否则必须更换。

方法三：有条件可使用皮带张紧度测量表测量。工具如图 1-40 所示，测量值如表 1-29 所示。

表 1-29　皮带检测数据表

项目	皮带宽度/mm		
	8.0	9.5	12.0
新皮带	最大 350 N	最大 620 N	最大 750 N
旧皮带	最大 200 N	最大 300 N	最大 400 N
带齿皮带	最大 250 N		

任务3　拆装与检修液压助力转向系统

任务描述

一、学习目标

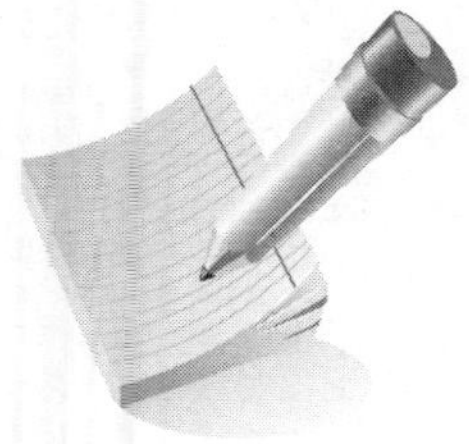

1. 能够完成液压助力转向系统检测与维修；
2. 能够完成转向油泵拆装检查与更换；
3. 能够完成转向油液的更换

二、学习内容

1. 大众桑塔纳转向油泵驱动皮带检查；
2. 大众桑塔纳转向助力油液检查；
3. 大众桑塔纳转向助力系统压力检测；
4. 大众桑塔纳转向油泵拆卸；
5. 大众桑塔纳转向油泵安装

项目1　检测液压助力转向系统

一、知识链接

1. 液压助力转向系统的组成

液压式动力转向系统由机械转向机、转向控制阀、转向动力缸以及将发动机输出的部分机械能转换为液压能的转向油泵、油罐等组成，如图1－38所示。

液压式动力转向系统按液流形式分为常流式和常压式两种。

2. 常压式液压助力转向系统原理图解

在转向机上，有一个能够随转向柱转动的机械阀，当转向盘没有左右转动时，活塞两侧腔室内压力一致，处于平衡状态。当转向盘转动时，连接在转向柱上的机械阀就会相应的打开或关闭，一侧油液不再经过液压缸而直接回流至储油罐，另一侧油液继续注入液压缸内，活塞两侧产生压差，便会在液力的作用下被推动，进而产生辅助力度推动转向拉杆，让车轮转向，使我们转动转向盘所需的力度大大减轻，如图1－39所示。

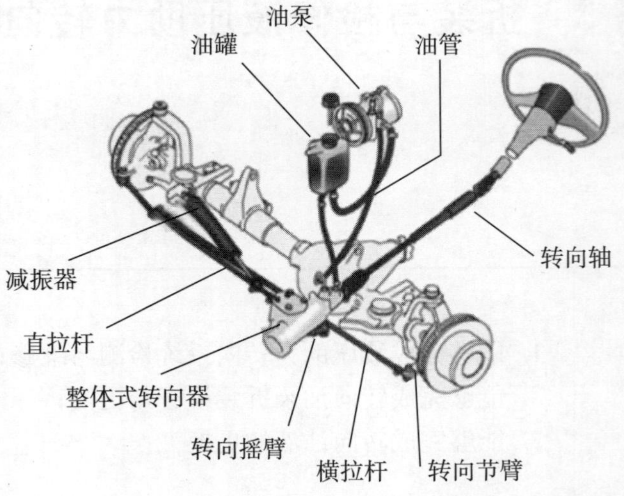

图 1-38　液压助力转向系统

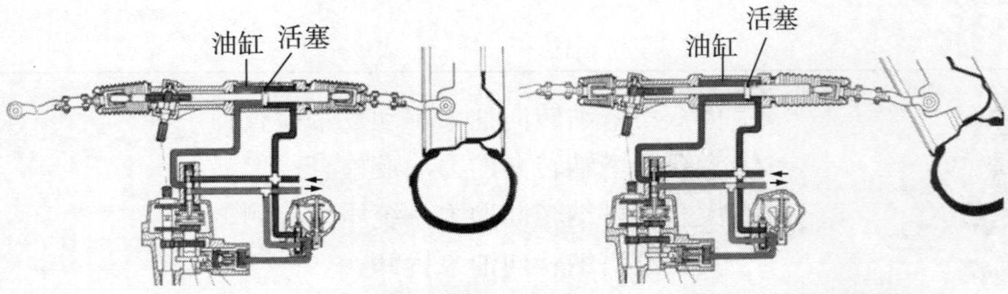

图 1-39　常压式液压助力转向

3. 检查转向油泵皮带张紧力

方法一：汽车停在干燥的路面上，运转发动机使油液上升到正常温度，左右转动转向盘，此时驱动皮带负荷最大，如果皮带打滑，说明皮带张紧度不够或油泵内有机械磨损。

方法二：关闭发动机，用手以约 100 N 的力从皮带的中间位置按下，皮带应有约 10 mm 挠度为合适，否则必须更换。

方法三：有条件可使用皮带张紧度测量表测量。工具如图 1-40 所示，测量值如表 1-29 所示。

表 1-29　皮带检测数据表

项目	皮带宽度/mm		
	8.0	9.5	12.0
新皮带	最大 350 N	最大 620 N	最大 750 N
旧皮带	最大 200 N	最大 300 N	最大 400 N
带齿皮带	最大 250 N		

图1－40　张紧度测量表

4. 检测液压转向系统压力

根据维修手册查询：当发动机处于怠速压力表节流阀打开时，是转向盘左右打至极限位置读出转向系统压力为0.68～0.82 MPa，可判断转向机是否正常。

当发动机处于怠速压力表节流阀关闭时（不超过5 min），转向助力泵压力应为0.68～0.82 MPa，可判断转向助力泵是否正常。压力表安装检测如图1－41所示。

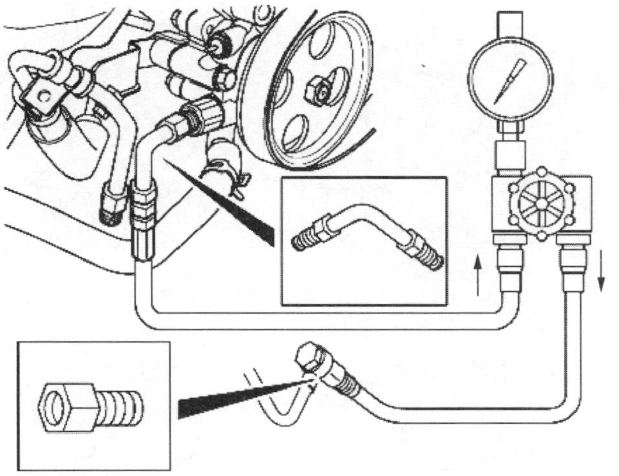

图1－41　助力转向液压表

5. 检查转向油液

发动机停转时，检查油壶中的液位。必要时，往油壶中添加油液。预热后的油液温度约为75℃～80℃（167°F～176°F），液面应位于标记“HOT MAX”和“HOT MIN”之间；冷却后的油液温度约为20℃～25℃（68°F～77°F），液面应位于标记“COLD MAX”和“COLD MIN”之间，如图1－42所示。

预热动力转向油液，起动发动机，使其怠速运转。旋转转向盘由右侧到底再至左侧到底往复旋转数次，使油温上升。油温预热至75℃～80℃（167°F～176°F）。检查是否起泡或乳化，若起泡或乳化（图1－43），需要对动力转向系统进行排气。发动机怠速时，检查油壶中的油液液位。

停止发动机。稍等几分钟，重新检查油壶的油液液位（图1－44）。液位上升最大高度5 mm（0.20 in），若发现问题，则对动力转向系统进行排气。复检油液液位高度。

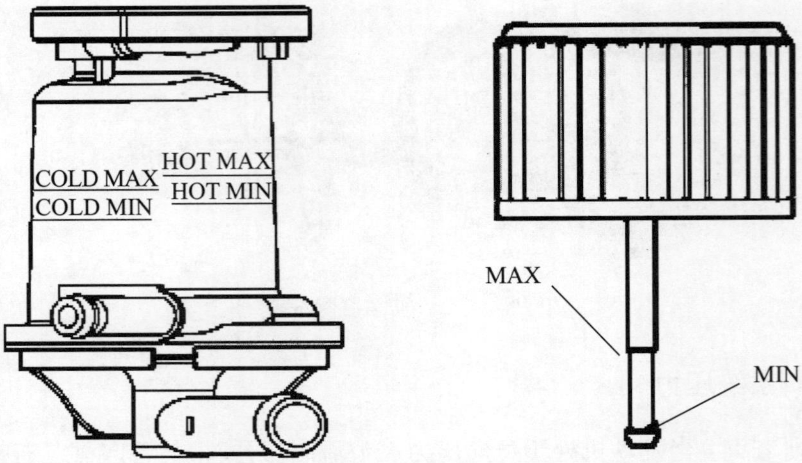

图 1－42　转向油液位标记

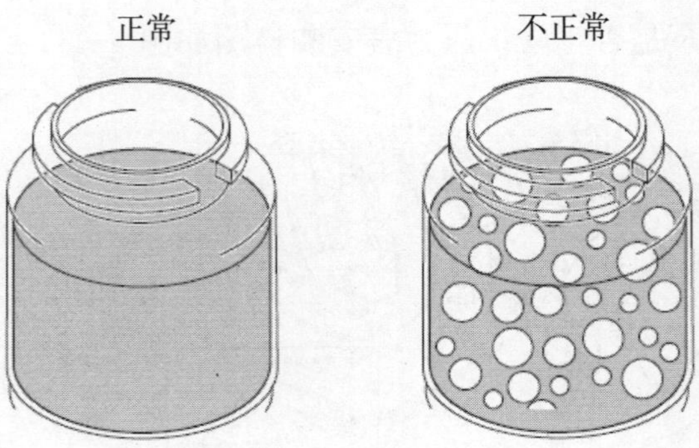

图 1－43　检查动力转向油液

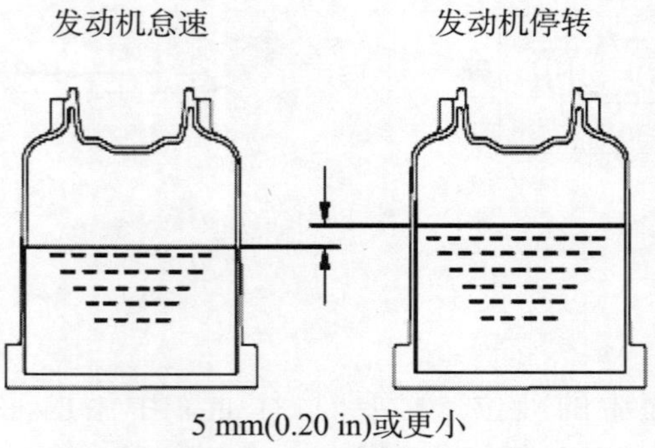

图 1－44　检查油壶的油液液位

二、制定方案

根据情境导入中的案例，需要对液压助力转向系统进行检测。教师在组织教学的过程中，根据液压助力转向系统的检测方案，带领学生检测液压助力转向系统，以便熟练掌握检测液压助力转向系统的方法，如表 1－30 所示。

表1－30　大众桑塔纳液压助力转向系统检测方案表

	大众桑塔纳液压助力转向系统检测方案	
车辆信息描述	车辆描述	大众桑塔纳1.8 L,行驶里程75 000 km,出厂时间：2009年7月
	故障现象	左右摆动转向盘时自由行程过大；低速转向时发动机舱有“吱吱”异响并且转向沉重
设备/工具/耗材	设备：大众桑塔纳乘用车或液压动力系统实训台一台,380 V电源； 工具：一字螺丝刀,十字螺丝刀,开口扳手,梅花扳手若干,压力表,张紧度测量表,油盘； 耗材：抹布,动力转向液	
安全要求及注意事项	1. 安全要求： (1) 严格按照维修手册要求的流程进行操作； (2) 对特殊零部件的拆解要使用专用工具； (3) 听从老师管理,禁止随意操作实训车辆、设备等； (4) 安全操作,禁止明火； (5) 注意劳动保护。 2. 操作注意事项： (1) 正确使用压力表； (2) 操作必须在老师的指导下进行； (3) 拆卸油管时,车辆必须熄火； (4) 严格按照维修手册中的流程进行操作； (5) 拆卸后更换所有转向油管的密封环； (6) 在检测油压时安装必须安装流程操作； (7) 拆装油管必须要进行测漏检查	
工作步骤	1. 检查转向油液： (1) 检查转向油颜色(如变深变暗则需要更换)； (2) 检查冷却时的液面高度是否正常； (3) 发动车辆检查转向油是否有气泡或者乳化现象(如有需要则需要排空气)； (4) 检查热车时的液面高度是否正常； (5) 检查怠速时和熄火转向油液位的高度变化(如超出范围则需要排空气)。 2. 检查转向泵皮带的张紧度： 根据知识链接中皮带张紧度检测的方法进行操作(调整皮带张紧度)。 3. 检测转向系统油压和转向泵油压： (1) 拆卸转向泵高压油管； (2) 安装压力表； (3) 怠速运转测试系统压力(记录)； (4) 关闭压力表节流阀开关测试转向泵压力(记录)； (5) 添加转向油液。 4. 完成检测后需要对拆装部位进行再次检查	

教师对学生进行分组,每组选出一个小组长,小组长根据小组成员任务分工不同,确定不同任务的责任人。小组成员任务的划分可以参考下面的小组任务分配表,如表1－31所示。

表 1－31　小组任务分配表

	小组任务	个人职责(任务)	小组成员
1	任务前期准备工作	准备该任务的设备、工具、耗材	
2	安全检查	主要负责工具设备使用情况和操作工作的安全监督	
3	转向油液检查	负责转向助力油液检查操作	
4	转向油管拆卸与安装	负责检查油压前部件拆装操作	
5	转向油压检测	负责液压助力系统压力检测	
6	竣工检查工作	检查所有的设备器材是否齐全	

实训中如果没有该车型，可以参考大众桑塔纳液压助力转向系统检测方案，并查阅该车型的维修手册，制定出该车型液压助力转向系统检测方案，如表 1－32 所示。

表 1－32　液压助力转向系统检测方案表

	________乘用车液压助力转向系统检测方案	
信息的描述	车辆描述	
	故障现象	
设备/工具/耗材要求		
安全要求及注意事项		
工作步骤		

三、实施

依据制定方案实施，并填写项目单，如表 1－33 所示。

表1-33　实训结果项目表

	部件名称	检查内容	检查结果
1	传动皮带	张紧力	
2	储液罐	动力转向液颜色	
3		动力转向液液位	
4		观察液压泵工作及不打转向时动力转向油液状态	
5		观察液压泵工作及打转向时动力转向油液状态	
6	助力转向泵	安装位置	
7	转向系统	系统油压	
8	助力转向泵	助力转向泵油压	

四、作业

1. 通过实训后完善本项目的实施方案。

2. 思考：当液压助力转向系统损坏时，转向系统是否能够正常工作？

五、知识拓展

常流式液压转向助力装置工作原理如图1-45所示。其特点是无论汽车是否处于转向状态，液压系统的工作管路中的油也总是在流动，压力较低，只有在转向时才产生瞬时高压，因此称为常流式。

当转向盘处于中立位置时，流量控制阀保持开启，转向动力缸活塞两侧压力相等，不产生动作，此时系统中的油泵在空转，油液处于低压流动状态。驾驶人转动转向盘时，机械转向机工作，同时带动转向控制阀动作，处于某一转完方向相应的工作位置，此时转向动力缸相应的工作腔与回油管路隔断，转而与油泵输出管路相通，压力急剧升高，而另一个工作腔则仍然通回油管路，压力较低，转向动力缸活塞移动，产生推力。转向盘停止转动后，转向控制阀随即回到中立位置，动力缸停止工作。

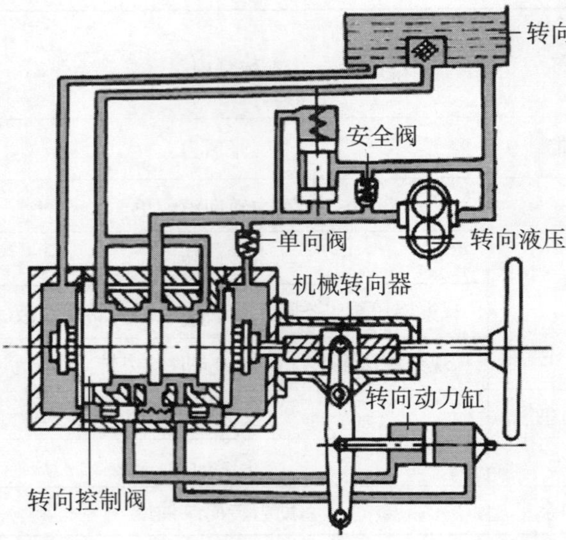

图 1-45　常流式液压转向助力(装置工作原理)

项目 2　更换液压助力转向油泵

一、知识链接

1. 转向油液的选择

不同品牌的车辆使用的转向油液通常都不一样，在加注或者更换时必须使用符合规定的转向油液。例如，大众桑塔纳的转向油液型号为 PENPOSINCHF 11S(PL-VW52146)；奥迪则采用转向油液型号为 G002000；其他车型在没有注明使用专用的转向液，更换时也可选用自动变速器 ATF Ⅲ型或者 ATF Ⅳ型的油液，如图 1-46 所示。

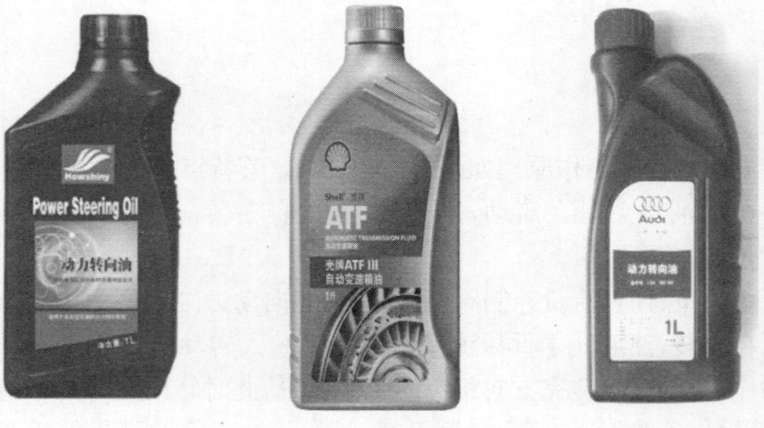

图 1-46　转向油液

2. 转向油泵位置、结构及原理

转向油泵位置、结构及原理如图 1-47 所示。

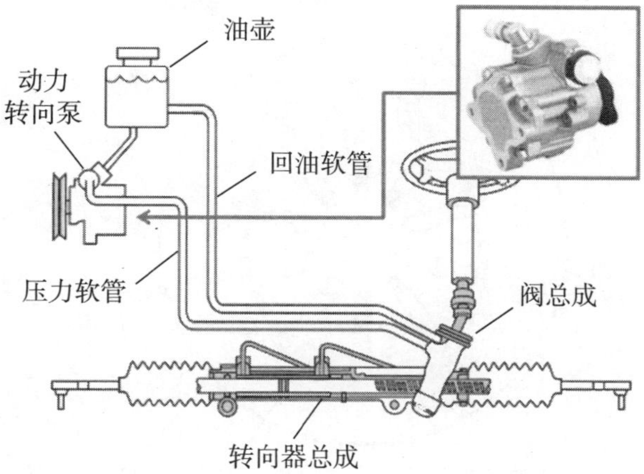

图 1-47 助力转向系统示意图

3. 液压转向油泵

动力转向系统使用发动机的动力来驱动产生液压力的助力转向油泵，给转向机的动力缸提供液力。助力转向油泵通常是由发动机曲轴带动的皮带驱动的；泵出的油液与发动机的速度成正比例关系，送给转向机动力缸的油液通过流量控制阀来调节，过多的油液返回转向油泵吸油口。

液压转向油泵有四种类型：叶片油泵、滑动叶片油泵、齿轮油泵和滚子油泵。叶片油泵有6～10片旋转的叶片，如图 1-48 所示。当转子旋转时，由于泵环是椭圆形，因此每一泵腔容积不断地变化；叶片运动通过环的"长轴"部分时，容积增大，通过进油口吸进油液。当叶片运动通过环的"短轴"部分时，容积减少，减少后的容积使压力增加，迫使油液流出排油口。

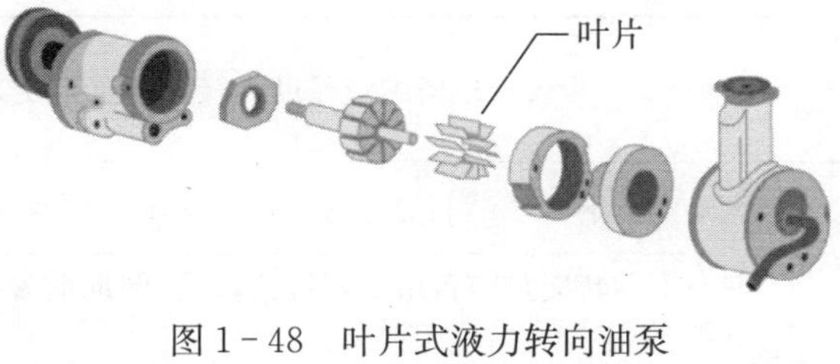

图 1-48 叶片式液力转向油泵

叶片泵进油口吸入来自储油罐的低压油液。排油口排出高压油液流向转向机动力缸，为助力转向提供所需的液压力，如图 1-49 所示。为了避免液压泵运转不平衡（产生噪声和振动），通常采用平衡式设计，即泵转子每旋转一周，泵腔吸入和排放油液两次，因此作用在转子上的液压作用力是大小相等、方向相反，使液压泵平稳地运转。

4. 动力转向系统排空气的程序

(1) 在发动机停止工作时，将转向盘从一个锁止位置打到另一个锁止位置，反复多次。

(2) 起动发动机，使发动机在怠速工况下运转，检查动力转向管路带油壶总成液面，必要时添加油液，使液位保持在"MIN"刻度以上。

(3) 来回转动转向盘，但在任一侧不要把方向打到底，排出系统中的空气。使液位保持在"MIN"刻度以上，必须将系统中的空气排出，才能获得正常的动力转向性能。

(4) 将转向盘回正，让发动机继续怠速运转 2～3 min。

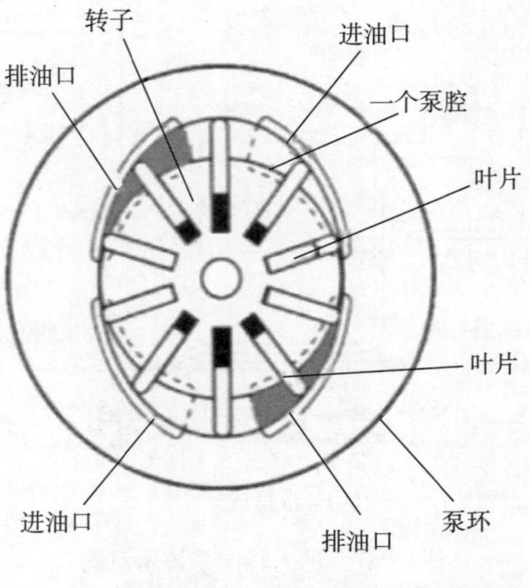

图 1-49　叶片式液力转向油泵工作原理图

(5) 路试车辆，确认动力转向功能是否正常且是否有异响。

(6) 按步骤(1)和步骤(2)重新检查动力转向油液面，确保当系统达到正常工作温度并稳定后，油液液面达到“MAX”刻度处，必要时适当添加油液。

二、制定方案

根据情境导入中的案例，需要对液压助力转向油泵进行更换。教师在组织教学的过程中，根据液压助力转向油泵的更换方案，带领学生更换液压助力转向油泵，以便熟练掌握更换液压助力转向油泵的方法，如表 1-34 所示。

表 1-34　大众桑塔纳液压助力转向油泵更换方案表

	大众桑塔纳液压助力转向油泵更换方案	
车辆信息描述	车辆描述	大众桑塔纳 1.8 L，行驶里程 75 000 km，出厂时间：2009 年 7 月
	故障现象	左右摆动转向盘时自由行程过大；低速转向时发动机舱有“吱吱”异响并且转向沉重
设备/工具/耗材	设备：大众桑塔纳乘用车，液压动力系统实训台，380 V 电源； 工具：常用工具一套，一字螺丝刀，十字螺丝刀，开口扳手，梅花扳手若干，油盘； 耗材：抹布，动力转向液	
安全要求及注意事项	1. 安全要求： (1) 严格按照维修手册要求的流程进行操作； (2) 对特殊零部件的拆解要使用专用工具； (3) 听从老师管理，禁止随意操作实训车辆、设备等； (4) 安全操作，禁止明火； (5) 注意劳动保护。 2. 操作注意事项： (1) 正确使用工具； (2) 操作必须在老师的指导下进行； (3) 严格按要求进行装配项目作业； (4) 更换所有转向油管的密封环； (5) 安装时皮带必须要张紧； (6) 安装完成后必要对系统进行排气	

（续表）

	大众桑塔纳液压助力转向油泵更换方案
工作步骤	1. 放油： （1）支起汽车前部，使两前轮离开地面； （2）拧下转向储油罐盖，拆下转向油泵回油管，然后将转向油放入容器中； （3）发动机怠速运转，在放转向油的同时，左右转动转向盘。 2. 拆卸转向泵： （1）拆卸转向泵皮带； （2）拆卸动力转向高低压油管固定螺栓； （3）拆卸动力转向泵总成固定螺栓并取下动力转向泵总成。 3. 安装转向泵： （1）安装动力转向泵总成固定螺栓； （2）安装动力转向高低压油管固定螺栓； （3）安装转向泵皮带； （4）调整皮带张紧度位置。 4. 加油与排气： （1）向转向储油罐内加注符合规定的转向油； （2）停止发动机工作，支起汽车前部，并用支架支撑，连续从左到右转动转向盘若干次，将转向系统中多余空气排出； （3）检查转向储油罐中油面高度，视需要加至“MAX”标记处； （4）降下汽车前部，起动发动机怠速运转，连续转动转向盘，注意油面高度的变化，当油面下降时就应不断加注转向油，直到油面停留在“MAX”处，并在转动转向盘后，储油罐中不再出现气泡为止

教师对学生进行分组，每组选出一个小组长，小组长根据小组成员任务分工不同，确定不同任务的责任人。小组成员任务的划分可以参考下面的小组任务分配表，如表1－35所示。

表1－35 小组任务分配表

	小组任务	个人职责（任务）	小组成员
1	任务前期准备工作	准备该任务的设备、工具、耗材	
2	安全检查	主要负责工具设备使用情况和操作工作的安全监督	
3	维修手册数据查询	负责拆卸过程中技术监督	
4	转向油泵更换	负责部件拆卸和安装转向油泵操作	
5	转向油液加注与排空气	负责排放和加注转向油液	
6	竣工检查工作	检查所有的设备器材是否齐全	

实训中如果没有该车型，可以参考大众桑塔纳液压助力转向油泵更换方案，并查阅该车型的维修手册，制定出该车型液压助力转向油泵更换方案，如表1－36所示。

表 1－36　液压助力转向油泵更换方案表

	________乘用车液压助力转向油泵更换方案	
车辆信息描述	车辆描述	
	故障现象	
设备/工具/耗材要求		
安全要求及注意事项		
工作步骤		

三、实施

依据制定方案实施，并填写项目单，如表 1－37 所示。

表 1－37　实训结果项目表

	步骤	工具/耗材	零部件	注意事项
1	放油			
2	拆卸转向油泵			
3	安装转向油泵			
4	加注转向油液			
5	排空气			

四、作业

1. 通过实训后完善本项目的实施方案。

2. 思考：汽车厂家为何规定液压助力转向油泵不能进行维修？

五、知识拓展

1. 滑动叶片油泵

在滑动叶片油泵中，一个凸轮上嵌有4～10个靠弹簧加载的滑动叶片，如图1-50所示。

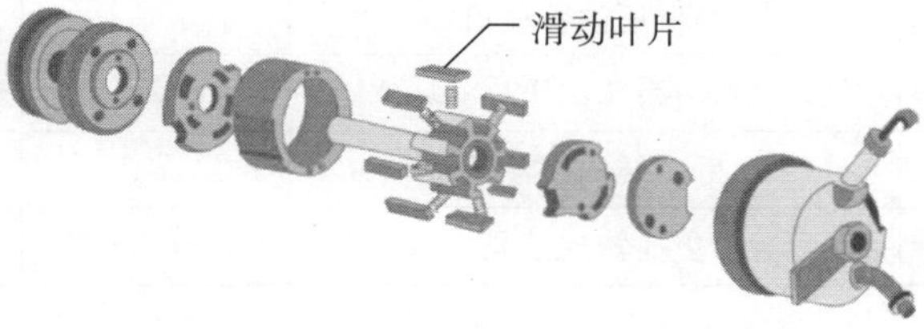

图1-50　滑动叶片式助力转向油泵

2. 齿轮式和滚子式助力转向油泵

齿轮式和滚子式助力转向油泵，如图1-51和图1-52所示。

在齿轮油泵中，油液被强制通过齿轮机构，产生了油压。滚子油泵内的滚子在一个凸轮内旋转，油液被强制通过旋转的滚子，产生了油压。

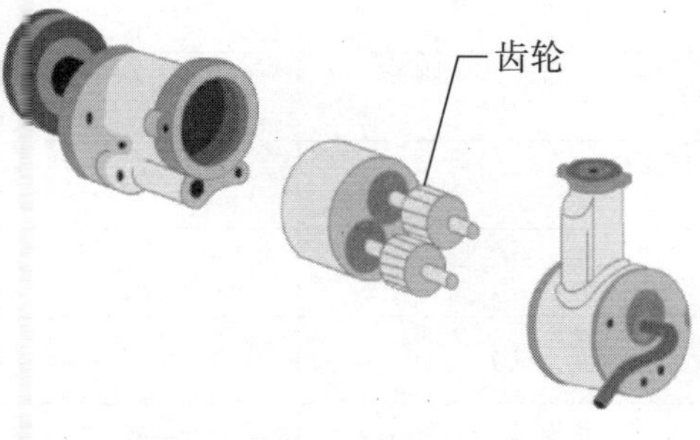

图1-51　齿轮式助力转向油泵

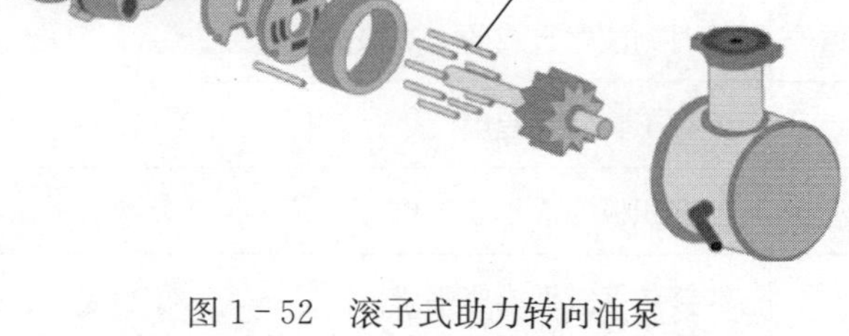

图1-52　滚子式助力转向油泵

检查与评估

1. 学生自我检查

学生通过对任务3的学习，独立结合实训车辆填写学习情况检查表（表1－38），以检测自己对任务3学习的掌握情况。

表1－38　学习情况检查表

	部件名称	检查/更换内容	工具、耗材	检查结果/更换步骤	处理意见
1	传动皮带	张紧力			
2	储液罐	动力转向液颜色			
3		动力转向液液位			
4		观察液压泵工作及不打转向时动力转向液状态			
5		观察液压泵工作及打转向时动力转向液状态			
6		储液罐外观以及接口			
7		更换转向油			
8	助力转向油泵	高低压油管接口			
9		系统油压			
10		助力转向泵油压			
11		更换转向油泵			

2. 指导教师评估

指导老师在整个教学过程中，关注每个活动小组的工作过程以及小组成员的动手能力，并对小组成员动手能力进行考核，如表1－39所示。

表1－39　指导教师评估表

	考核量化指标	分值（总分）	学生得分
1	能时刻注意保护车辆安全	5	
2	能时刻注意自我的人身保护	5	
3	使用工具熟练程度	5	
4	能够积极完成本职工作	10	
5	能够熟练查询维修手册	10	

（续表）

	考核量化指标	分值（总分）	学生得分
6	能够根据流程检修液压转向系统故障	15	
7	能够根据流程更换转向油泵	15	
8	能够根据对转向油液进行排空气	15	
9	能够完成实训结果项目表的填写	10	
10	能够完成学习情况检查表的填写	10	
总计			

学习情境 2　行驶系统检测与维修

学习目标

1. 能够完成前悬架的拆装与检修；
2. 能够完成后悬架的拆装与检修；
3. 能够完成车轮拆装与检修；
4. 能够通过查找维修手册完成行驶系统检修

情境导入

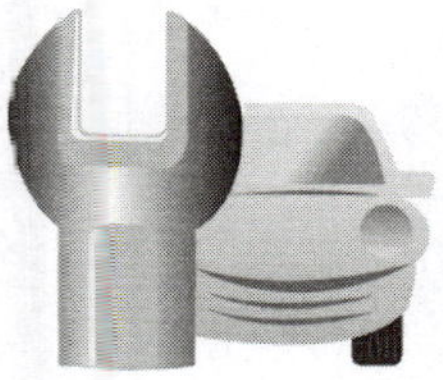

车　　型：大众桑塔纳 1.8 L；
行驶里程：23 000 km；
出厂时间：2007 年 7 月。
故障现象：

车辆在高速公路上发生事故，导致车辆右前侧和左后受损严重；现车辆进站维修，发现除需要做钣金油漆外，维修人员还需要检查底盘确定需要更换与维修的零部件，并进行车辆维修

任务1　拆装与检测车轮并做动平衡

任务描述

一、学习目标

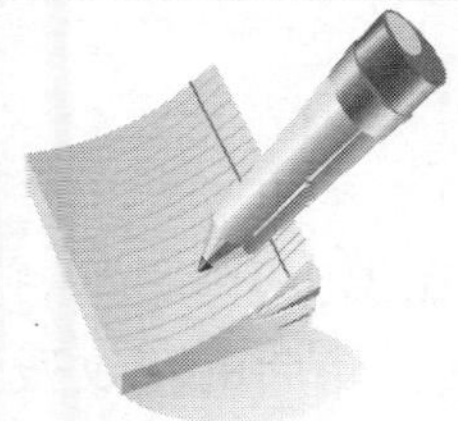	1. 能够完成轮胎的拆卸； 2. 能够完成轮胎的检查； 3. 能够完成轮胎的更换； 4. 能够完成轮胎的调整

二、学习内容

	1. 大众桑塔纳轮胎拆装方法； 2. 大众桑塔纳轮胎更换方法； 3. 大众桑塔纳轮胎的检测方法； 4. 大众桑塔纳气压表使用方法； 5. 大众桑塔纳车胎动平衡机使用方法； 6. 大众桑塔纳轮胎的换位方法

项目1　拆卸、检查车轮

一、知识链接

1. 车轮

车轮由轮胎、轮辋、轮辐和轮毂等组成，如图2-1所示。

图2-1　车轮

2. 车轮的功用和类型

车轮是外部装轮胎、中心装车轴并受负荷的旋转部件，其功用是把轮胎固定在车辆上，并传递和承受轮胎、车桥之间的各种力和力矩。

车轮由轮辐、轮辋和轮毂组成。按照轮辐的结构形式不同，车轮分为辐板式和辐条式两种主要形式，在辐板式车轮中，又根据所用材料的不同分为钢板型和合金型。铝合金车轮较轻，所以现在铝合金车轮使用的也较多。按制造工艺分，车轮有采用钢板冲压成形的，也有采用钢盘压铆或压焊制成，还有采用铝材通过印模压铸或者锻造而成。

3. 轮胎沟槽深度检查

轮胎的花纹太浅时，除了排水不好以外，胎冠的热量也不能及时排出，使胎温上升，紧急制动时容易将胎冠胶磋掉而导致爆胎；另外，花纹太浅，特别容易被尖硬物刺破胎面。轮胎的花纹残留深度不能低于 1.6 mm，否则不论是轮胎的驱动力还是制动性能都要大大降低。磨光了花纹的轮胎俗称光头胎，虽然在干燥路面抓地力很好，但遇到水路时会出现“水上滑行”现象，极其危险。

检查方法：

(1) 通过观察轮胎沟槽处的轮胎磨损标记，如图 2－2 所示。若低于此位置需要更换轮胎。

图 2－2　轮胎磨损标记

(2) 通过使用深度规检查轮胎沟槽正常应为 1.6 mm 以上，如图 2－3 所示。若低于此位置需要更换轮胎。

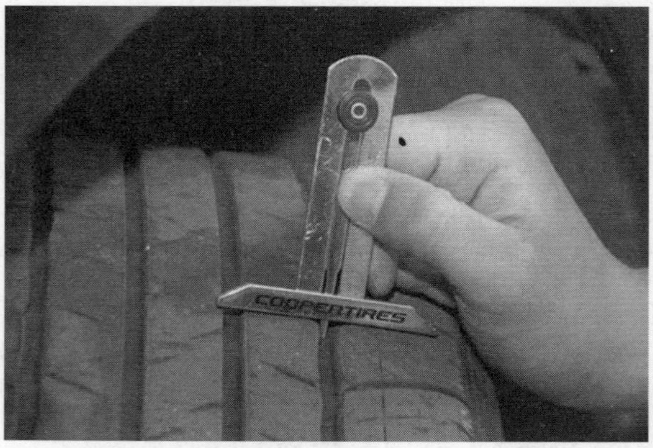

图 2－3　沟槽深度测量

4. 轮胎气压

胎压过高，使轮胎与地面的接触面积减少，单位面积所承受的压力、磨损剧增，容易造成制动失控，遇地面突起物或凹陷爆破，损害车的悬架系统，乘坐不舒适等危害。

胎压过低，使轮胎与地面接触面积增加，行驶时胎内温度不正常增加，同时，由于胎侧变形严重，内部的钢丝、帘布层老化加剧，从而为爆胎埋下隐患，并且使耗油量增加，轮胎寿命降低。胎压检测工具如图 2-4 所示，气门芯拆装工具如图 2-5 所示。

图 2-4　轮胎气压检测工具

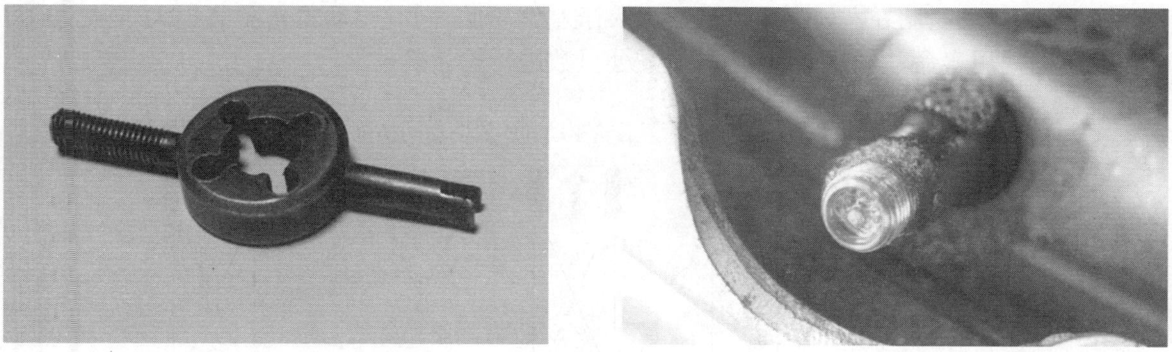

图 2-5　轮胎气门芯拆装工具

5. 轮胎外观检查

轮胎异常磨损现象如图 2-6 所示。造成轮胎异常磨损的原因如下：

左右单边磨损：建议用户避免高速转弯；检查悬架部件；检查外倾角；轮胎换位。

中间磨损：轮胎气压过高。

两侧磨损：轮胎气压过低。

轮胎局部磨损：是否高速紧急制动导致；检查轮辋是否变形；车轮轴承是否损坏。

羽花状磨损：检查前束和后束；调换轮胎位置。

其他形状磨损：检查轮胎气压；检查车轮轴承；检查外倾角和前束；检查悬架部件；调换轮胎位置。

轮胎鼓包：外力撞击；产品质量。

轮胎开裂：硬物割伤；轮胎老化；化学物质导致；产品质量。

图 2-6　轮胎异常磨损

6. 轮胎换位

轮胎换位，如图 2-7—图 2-9 所示。

由于各轮胎工作条件和负荷不相同，载货汽车一般后轮负荷大于前轮，乘用车行驶一般前轮负荷大于后轮，如果驾驶位置在左侧，那么通常情况下，汽车向左转时的车速会大于向右转弯时的车速，导致汽车右侧的轮胎在左转弯时受到压力大于左侧轮胎，同时驱动轮轮胎磨损大于从动轮。为了延长轮胎的使用寿命，应按厂家规定的行驶公里数进行轮胎换位。

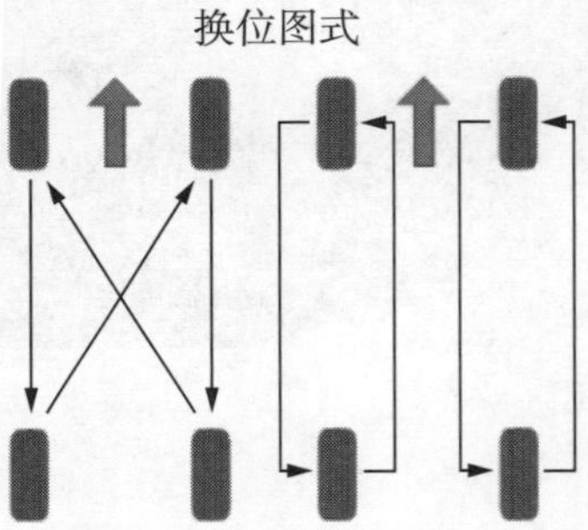

图 2-7　相同纹路轮胎换位

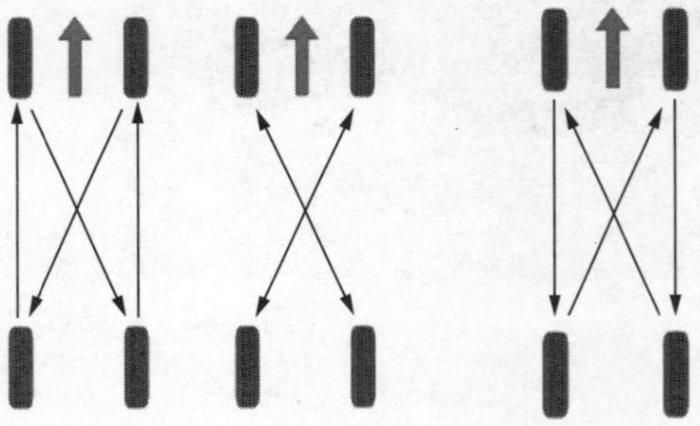

图 2-8　不纹路和尺寸的轮胎换位

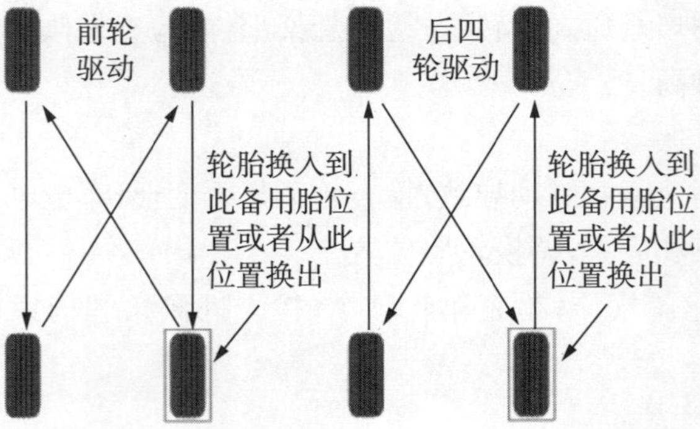

图 2-9　全尺寸轮胎更换

7. 轮胎花纹的作用

(1) 增大轮胎与地面的摩擦力；
(2) 降低胎噪增强舒适性；
(3) 为轮胎散热，排水；
(4) 提升车辆操控性能；
(5) 美观，提升视觉效果。

二、制定方案

根据情境导入中的案例，需要对车轮进行拆卸、检查。教师在组织教学的过程中，根据车轮的拆卸、检查方案，带领学生拆卸、检查车轮，以便熟练掌握拆卸、检查车轮的方法，如表2-1所示。

表2-1 大众桑塔纳车轮拆卸、检查方案表

<table>
<tr><td></td><td colspan="2">大众桑塔纳车轮拆卸、检查方案</td></tr>
<tr><td rowspan="2">车辆信息描述</td><td>车辆描述</td><td>大众桑塔纳1.8 L，行驶里程23 000 km，出厂时间：2007年7月</td></tr>
<tr><td>故障现象</td><td>车辆在高速公路上发生事故，导致车辆右前侧和左后受损严重；现车辆进站维修，发现除需要做钣金油漆外，维修人员还需要检查底盘确定需要更换与维修的零部件，并进行车辆维修</td></tr>
<tr><td>设备/工具/耗材</td><td colspan="2">设备：大众桑塔纳乘用车一辆，轮胎，举升机一台；
工具：深度规，气压表，大容器，小喷水壶，轮胎扳手，翼子板护垫；
耗材：记号笔</td></tr>
<tr><td>安全要求及注意事项</td><td colspan="2">1. 安全要求：
(1) 正确使用举升设备；
(2) 拆卸轮胎时注意自我保护；
(3) 听从老师管理，禁止随意操作实训车辆、设备等；
(4) 安全操作，禁止明火。
2. 操作注意事项：
(1) 正确使用工具；
(2) 拆卸轮胎时注意不要划伤轮辋；
(3) 检查轮胎时注意在车下自我防护；
(4) 轮胎充气时轮胎上不能放置物品</td></tr>
<tr><td>工作步骤</td><td colspan="2">1. 举升车辆
2. 检查轮胎胎面是否有异物、破损；
3. 检查四个轮胎型号纹路是否相同；
4. 使用深度规检查轮胎纹路深度；
5. 检查轮胎气压是否正常；
6. 检查轮辋是否变形(如变形则需要更换)；
7. 放下车辆，拧松车轮螺栓；
8. 举升车辆，拆卸车轮螺栓，取下轮胎(对轮胎进行标记)；
9. 将气压不足的轮胎充气至标准值；
10. 检测轮胎气压后需要对气门芯嘴喷水测漏；
11. 轮胎测漏(将轮胎放入带水的容器中观察是否有气泡)；
12. 根据漏点检查导致故障的原因(轮胎、轮辋、气门芯)；
13. 将故障车轮进行标记</td></tr>
</table>

教师对学生进行分组，每组选出一个小组长，小组长根据小组成员任务分工不同，确定不同任务的责任人。小组成员任务的划分可以参考下面的小组任务分配表，如表2-2所示。

表 2-2　小组任务分配表

	小组任务	个人职责(任务)	小组成员
1	任务前期准备工作	准备该任务的设备、工具、耗材	
2	安全检查	主要负责工具设备使用情况和操作工作的安全监督	
3	拆卸车轮	负责从车辆上拆卸车轮	
4	车轮检查	负责车轮检查操作	
5	辅助操作	负责举升机等辅助设备操作	
6	竣工检查工作	检查所有的设备器材是否齐全	

实训中如果没有该车型，可以参考大众桑塔纳车轮拆卸、检查方案，并查阅该车型的维修手册，制定出该车型车轮拆卸、检查方案，如表 2-3 所示。

表 2-3　车轮拆卸、检查方案表

<table>
<tr><td></td><td colspan="2">________乘用车车轮拆卸、检查方案</td></tr>
<tr><td rowspan="2">车辆信息描述</td><td>车辆描述</td><td></td></tr>
<tr><td>故障现象</td><td></td></tr>
<tr><td>设备/工具/耗材</td><td colspan="2"></td></tr>
<tr><td>安全要求及
注意事项</td><td colspan="2"></td></tr>
<tr><td>工作步骤</td><td colspan="2"></td></tr>
</table>

三、实施

依据制定的方案实施，填写项目单，如表 2-4 所示。

表2-4　实训结果项目表

	拆卸车轮			
	拆卸项目	使用工具	零部件	注意事项
1	拆卸大众桑塔纳车轮			
2	大众桑塔纳车轮换位			
	检查车轮			
	检查项目	使用工具	检查结果	处理方法
1	轮胎花纹			
2	轮胎外观			
3	轮胎沟槽深度			
4	轮辋			
5	轮胎气压			
6	气门芯测漏			

四、作业

1. 通过实训后完善本项目的实施方案。

2. 通过查找课外资料，分析轮胎气压与温度的关系。

五、知识拓展

1. 轮胎

轮胎通常由外胎、内胎和垫带3部分组成。也有不需要内胎的轮胎，其胎体内层有气密性好的橡胶层，且需配专用的轮辋，目前已经大量使用在乘用车上。

2. 轮辋

轮辋又称钢圈，根据采用材质的不同有钢制轮辋，铁制轮辋，铝合金轮辋和镁合金轮辋等。

3. 胎面的花纹

在轮胎上有各种不同纹式的胎面，包括不对称的、对称的和单方向的，如图2-10所示。

图 2－10　胎面的花纹纹式

不对称的胎面纹式用于子午线轮胎，其内侧和外侧的胎面纹式是不同的，它能沿两个方向转动。对称的胎面纹式也用于子午线轮胎，整个胎面的纹式设计是一致的，它也能沿两个方向转动。单方向纹式的胎面用于子午线轮胎，具有单一的胎面纹式，只能向一个方向转动。

从花纹的形状区分，有纵向花纹、横向花纹、纵向和横向花纹和块状花纹等，如图 2－11 所示。

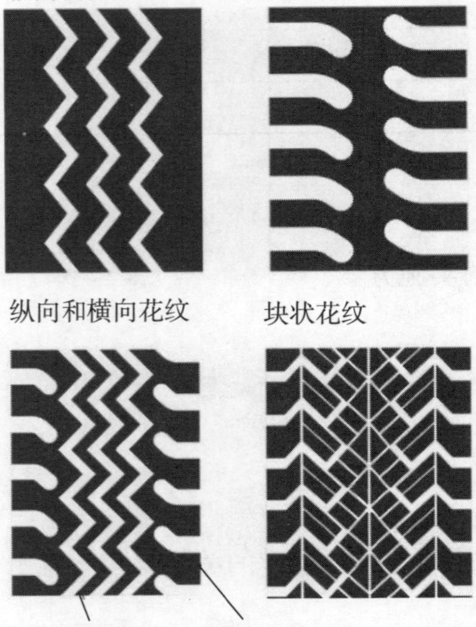

图 2－11　胎面的花纹形状

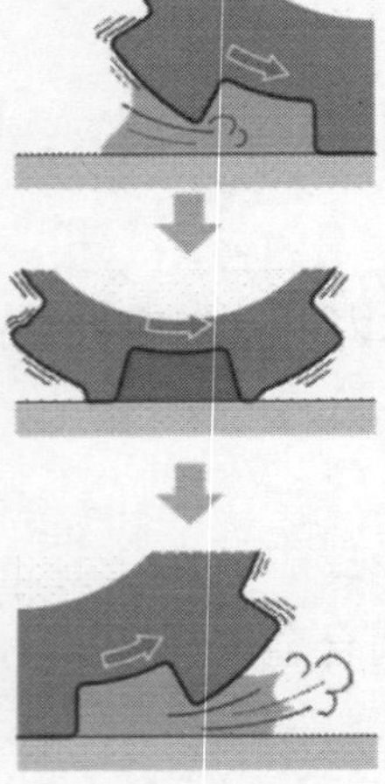
图 2－12　胎面花纹噪声

4. 胎面花纹噪声

花纹噪声是轮胎最与众不同的运行噪声。与路面接触的胎面凹槽和路面之间会截留和压缩空气。当胎面离开路面时，压缩空气飞出凹槽从而产生噪声，如图 2－12 所示。噪声音高（频率）随汽车速度的增加而升高。由于花纹噪声取决于胎面花纹，可将花纹设计成将其减至最小。

5. 带束和胎体帘布层

帘布层是外胎的骨架，用以保持外胎的形状和尺寸，并使其有足够的强度。帘布层和带束通常用橡胶复合物和多层的尼龙、聚酯、钢丝、或者其他材料制成，相邻的帘线交叉排列。胎冠区域比侧壁有更多的分层，帘布层数越多，轮胎的强度越大，但弹性下降。轮胎帘布层结构类型如图 2－13 所示。

斜交帘布层：斜交帘布层轮胎上的纤维束互相之间成十字交叉形缠绕在

胎体上。斜交帘布层结构的轮胎使用在比较老式的车辆上，如今的车辆上已经很少使用了。

带束斜交帘布层：带束斜交帘布层轮胎与斜交帘布层轮胎在结构上相同，再附加有多条沿轮胎圆周方向安置的带束。带束斜交帘布层轮胎使用在比较老式的重载货车上。

子午线帘布层：在 20 世纪 80 年代之后，开始使用子午线帘布层轮胎。它是如今车辆上最普遍使用的轮胎。子午线帘布层轮胎的纤维束是沿轮圈到轮圈的方向排列，再附加有多条沿轮胎圆周方向排列的带束，形似地球的子午线而得名。

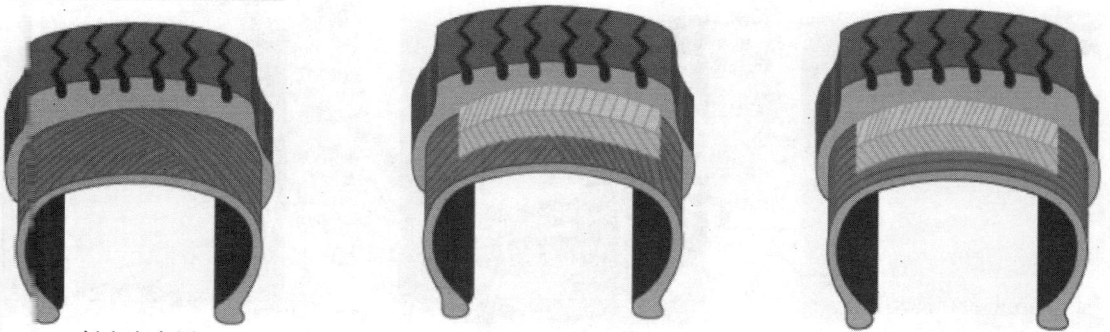

图 2-13 轮胎帘布层结构类型

项目 2 分解、更换、装配轮胎

一、知识链接

1. 轮胎的功用

轮胎由橡胶制成，安装在轮辋上。车辆行驶的舒适性能与轮胎直接有关。其主要功用有：

(1) 支撑车辆重量；

(2) 通过轮胎和路面良好附着性能，提高汽车的动力性、通过性和操控性；

(3) 帮助悬架系统吸收路面的冲击和振动，以提高驾乘舒适性；

(4) 改变汽车方向。汽车不论是转向还是调头都需要由汽车的轮胎来完成，它根据驾驶人的意愿来改变汽车行驶的方向。

由此可见，车轮和轮胎对汽车的使用性能有很大的影响，车轮的合理使用关系到汽车的安全行驶、能源的节约和汽车运输成本的降低。

2. 轮胎标识

轮胎标识是指按国家标准规定，在外胎的两侧要标出生产编号，制造厂商标，尺寸规格，层级，最大负荷和相应气压，胎体帘布汉语拼音代号，安装要求和行驶方向记号等。强制认证标识，如 DOT、ECE、CCC 等，如图 2-14 所示。

3. 轮胎规格

国际标准的轮胎代号，以毫米为单位表示断面高度和扁平比的百分数。后面加上：轮胎类型代

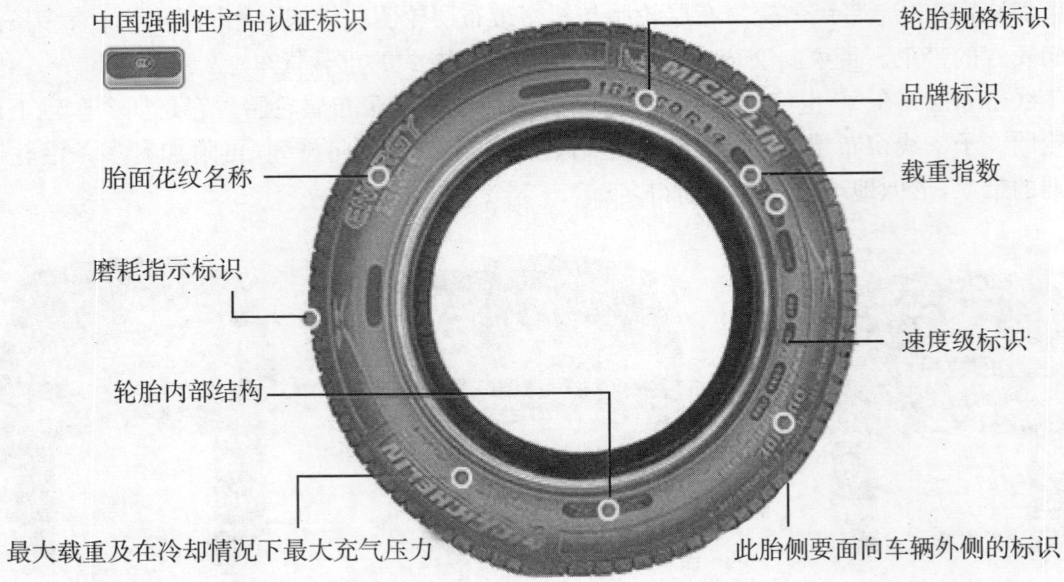

图 2-14　轮胎标识

号，轮辋直径（单位：inch），负荷指数（许用承载质量代号），许用车速代号，如图 2-15 所示。车辆轮胎的负荷指数如表 2-5 所示，轮胎许用车速如表 2-6 所示可以通过下列表格查找。

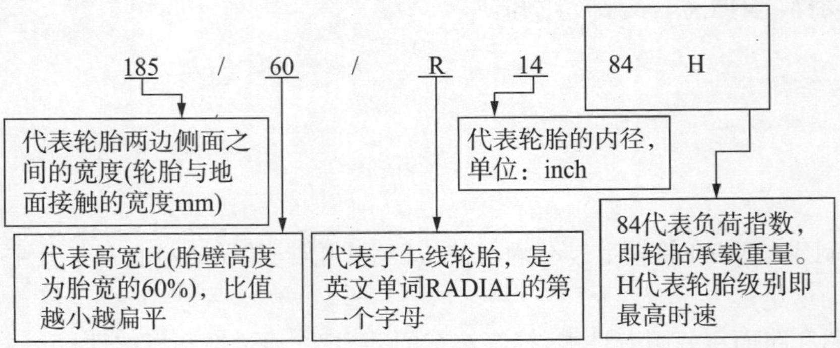

图 2-15　轮胎规格

表 2-5　轮胎负荷指数

负荷指数	kg	负荷指数	kg	负荷指数	kg	负荷指数	kg
71	345	79	437	87	545	95	690
72	355	80	450	88	560	96	710
73	365	81	462	89	580	97	730
74	375	82	475	90	600	98	750
75	387	83	487	91	615	99	775
76	400	84	500	92	630	100	800
77	412	85	515	93	650	101	825
78	425	86	530	94	670	102	250

(续表)

负荷指数	kg	负荷指数	kg	负荷指数	kg	负荷指数	kg
103	875	109	1 030	115	1 237	121	1 485
104	900	110	1 060	116	1 275	122	1 531
105	925	111	1 095	117	1 315	123	1 578
106	950	112	1 129	118	1 355	124	1 627
107	975	113	1 164	119	1 397	125	1 677
108	1 000	114	1 200	120	1 440		

表 2－6　轮胎级别指数

级别	km/h	级别	km/h	级别	km/h	级别	km/h	级别	km/h
M	130	Q	160	T	190	W	270	IR	300
N	140	R	170	H	210	Y	300		
P	150	S	180	V	240	2R	>240		

4. 转动方向标识

高速轮胎只能向车辆前进的方向转动，必须要加以注意。轮胎胎侧上标有转动方向箭头，如图 2－16 所示。错误的安装将影响轮胎的性能。

图 2－16　轮胎转动方向标识

5. 子午线轮胎内部结构

轮胎的内部结构如图 2－17 所示。

轮胎胎面：厚厚的橡胶层，提供了与地面的接触界面，还具有排水和耐旧的性能。

胎冠带束层：双层或 3 层加强带束层具有垂直方向上的柔韧度和极高的横向刚性，提供了转向力。

胎侧：胎侧容纳并保护胎体帘布层，而胎体帘布层的功能是将轮胎的胎面固定在轮辋上。

用于固定在轮辋的胎唇部分：它内部的胎唇钢丝圈可以使轮胎牢牢地固定在轮辋上，使之结合在一起。

气密层：它保证了轮胎具有良好的气密性，并保持正确的胎压。

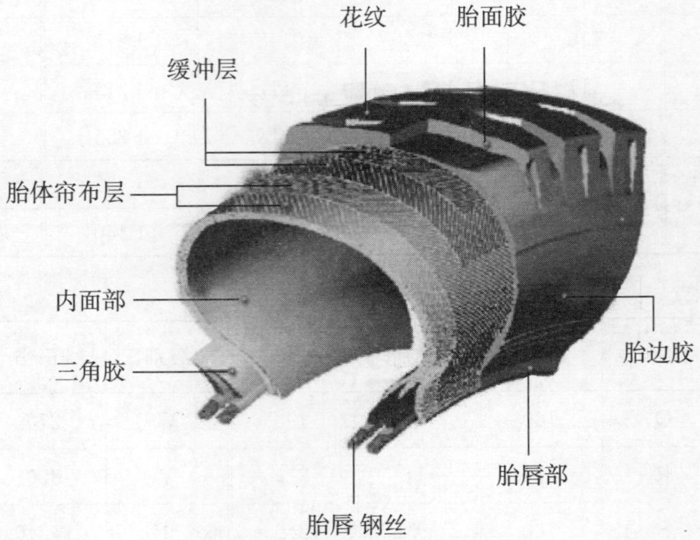

图 2-17　轮胎内部结构图

6. 轮胎拆装机

目前轮胎拆装机采用多种形式，但原理基本相同，如图 2-18 所示。在拆装轮胎过程中，应严格按照产品说明书中要求的流程进行操作。更换新轮胎时需要注意轮胎侧面平衡记号与气门芯的位置，以及轮胎正反面。

图 2-18　轮胎拆装机

7. 拆装轮胎

拆装轮胎的步骤大致 6 步，即放气、压胎、扒胎、检查、装胎和充气。主要步骤如图 2-19 所示。

图 2 - 19　轮胎拆装步骤

二、制定方案

根据情境导入中的案例，确定需要对轮胎进行分解、更换、装配。教师在组织教学的过程中，根据轮胎的分解、更换、装配方案，带领学生分解、更换、装配轮胎，以便熟练掌握分解、更换、装配轮胎的方法，如表 2 - 7 所示。

表 2 - 7　大众桑塔纳轮胎分解、更换、装配方案表

	大众桑塔纳轮胎分解、更换、装配方案	
车辆信息描述	车辆描述	大众桑塔纳 1.8 L，行驶里程 23 000 km，出厂时间：2007 年 7 月
	故障现象	车辆在高速公路上发生事故，导致车辆右前侧和左后受损严重；现车辆进站维修，发现除需要做钣金油漆外，维修人员还需要检查底盘确定需要更换与维修的零部件，并进行车辆维修
设备/工具/耗材	设备：轮胎拆装机，大众桑塔纳轮胎； 工具：撬棒，气门芯拆装工具，尖嘴钳，轮胎撬杆，胎压表，一字螺丝刀，平衡块卡钳，深度游标卡尺； 耗材：轮胎装配润滑液，肥皂水	

（续表）

	大众桑塔纳轮胎分解、更换、装配方案
安全要求及注意事项	1. 安全要求： (1) 拆装轮胎时注意自我保护； (2) 听从老师管理，禁止随意操作剥胎机； (3) 轮胎充气时轮胎上不能放置物品； (4) 安全操作，禁止明火。 2. 操作注意事项： (1) 正确使用轮胎拆装机设备； (2) 拆装轮胎时注意不要划伤轮辋； (3) 释放轮胎胎唇与轮辋的张力时不要损伤胎边胶； (4) 检查轮胎时注意在车下自我防护； (5) 安装轮胎时需要在轮胎胎唇部加些润滑脂防止撕裂
工作步骤	1. 释放轮胎气压； 2. 使用轮胎拆装机拆卸轮胎； 3. 检查轮辋是否有变形； 4. 检查新轮胎，注意轮胎的正反面； 5. 使用轮胎拆装机安装轮胎； 6. 轮胎充气(标准值)

教师对学生进行分组，每组选出一个小组长，小组长根据小组成员任务分工不同，确定不同任务的责任人。小组成员任务的划分可以参考下面的小组任务分配表，如表 2－8 所示。

表 2－8　小组任务分配表

	小组任务	个人职责(任务)	小组成员
1	任务前期准备工作	准备该任务的设备、工具、耗材	
2	安全检查	主要负责工具设备使用情况和操作工作的安全监督	
3	轮胎规格参数查询	负责轮胎规格参数查询以及拆装时技术监督	
4	拆卸轮胎	负责轮胎拆卸操作	
5	安装轮胎	负责轮胎安装操作	
6	竣工检查工作	检查所有的设备器材是否齐全	

实训中如果没有该车型，可以参考大众桑塔纳轮胎分解、更换、装配方案，并查阅该车型的维修手册，制定出该车型轮胎分解、更换、装配方案，如表 2－9 所示。

表 2-9　轮胎分解、更换、装配方案表

	______乘用车轮胎分解、更换、装配方案	
车辆信息描述	车辆描述	
	故障现象	
设备/工具/耗材		
安全要求及注意事项		
工作步骤		

三、实施

依据制定的方案实施，填写项目单，如表 2-10 所示。

表 2-10　实训结果项目表

	轮胎宽度	轮胎扁平率	轮胎尺寸	承载重量	最高时速
轮胎规格					

根据实训操作步骤填写应该注意的事项	
释放轮胎气压	
通过轮胎拆装机释放轮胎胎唇与轮辋的张力	
使用轮胎拆装机固定轮胎	
使用轮胎拆装机剥胎	

四、作业

1. 通过实训后完善本项目的实施方案。

2. 轮胎上的 205/50 R17 85Y 代表什么意思?

五、知识拓展

1. 安全轮胎

安全轮胎也称为漏气保用轮胎(RSC),可以使驾驶人在一个或多个轮胎损失气压的情况下,仍然能安全地操纵汽车。这种轮胎有较厚的帘布层侧壁,不像标准轮胎那样容易变形。这能让轮胎在气压下降或零气压时,能够以一定的速度行驶长达 50 km,其标识 RSC 如图 2-20 所示。安全轮胎必须安装在带高胎缘唇口的特制车轮上,如果安装在其他类型的车轮上,如果轮胎气压偏低,安全轮胎可能无法正常工作。

2. 最大胎压

轮胎的气压是以千帕(kPa)或磅力每平方英寸(psi)或千克每平方厘米(kg/cm^2)来表示。"Max load and pressure"(最大载荷和胎压)是表示制造厂商规定该轮胎能够承受的最大载荷和最大充气压力。当对轮胎进行充气时,应该参照车辆标牌中的数据。此标牌通常在驾驶人侧的门框上、杂物箱内侧或者用户手册中,如图 2-21 所示。

图 2-20　安全轮胎 RSC 标识

图 2-21　安全最大胎压标识

项目3 检测、校正车轮动平衡

一、知识链接

1. 车轮动平衡

汽车的车轮是由轮胎、轮毂组成的一个整体。但由于制造上的原因，使这个整体各部分的质量分布不可能非常均匀。当汽车车轮高速旋转起来后，就会形成动不平衡状态，造成车辆在行驶中车轮抖动、转向盘振动的现象。为了避免这种现象或是消除已经发生的这种现象，就要使车轮在动态情况下通过增加配重的方法，使车轮校正各边缘部分的平衡。

2. 车轮动不平衡的原因

(1) 轮毂、制动鼓(盘)加工时轴心定位不准、加工误差大、非加工面铸造误差大、热处理变形及使用中变形或磨损不均；

(2) 轮毂螺栓质量不等、轮毂质量分布不均或径向圆跳动及端面圆跳动太大；

(3) 轮胎质量分布不均、尺寸或形状误差太大、使用中变形或磨损不均及使用翻新胎或垫、补胎；

(4) 并装双胎的充气嘴未相隔180°，单胎的充气嘴未与不平衡点标记相隔180°安装；

(5) 轮毂、制动鼓、轮胎螺栓、轮辋、内胎、衬带、轮胎等拆卸后重新组装成轮胎时，累计的不平衡质量或形位偏差太大，破坏了原来的平衡。

3. 离车式车轮动平衡机

离车式车轮动平衡机，如图2-22所示。

使用车轮动平衡机必须严格按照产品使用说明书中要求的流程进行操作：

(1) 对车轮进行清洁，去除旧平衡块；

(2) 将轮胎气压充至规定值；

(3) 将车轮安装于平衡机上；

(4) 打开电源开关，检查显示是否正常；

(5) 输入轮辋直径、宽度，测出轮辋边缘到机箱之间的距离并输入；

(6) 放下防护罩，按启动键开始测量；

(7) 当车轮自动停转后，指示装置会显示车轮内、外动不平衡量和位置；

(8) 用手慢慢转动车轮，当平衡机发出指示信号时停止；

(9) 根据平衡机显示的不平衡量，在轮辋内、外侧的正上方边缘加装相应重量的平衡块，注意加装牢固；

(10) 重新进行动平衡试验，直至不平衡量<5 g，平衡机显示“00”或“ok”。

图2-22 离车式车轮动平衡机

4. 检测、校正车轮动平衡的注意事项

(1) 离车式车轮动平衡机的主轴固定装置的支架上装有精密的位移传感器和易碎裂的压电晶体传感器，因此严禁冲击和敲打主轴或传感器支架。

(2) 在检修车轮动平衡机时，传感器的固定螺栓不得松动。因为这一螺栓不是一般的紧固件，需要由它向传感晶体提供必要的预紧力，当这一预紧力发生变化时，电算过程将完全失准。

(3) 车轮动平衡机的平衡重也称配重，通常有卡夹式和粘贴式两种类型动平衡块，如图 2－23 所示。卡夹式配重适用于轮辋有卷边的车轮。对于铝镁合金轮辋，因无卷边可夹，可使用粘贴式配重。标准的平衡重有两种系列。一种系列以盎司(oz)为基础单位，分为 9 挡。其中，最小为 0.5 oz (14.2 g)，最大为 6 oz(170.1 g)。另一种以克(g)为基础单位，分 14 挡。其中最小为 5 g，最大为 80 g，配重的最小间隔为 5 g。因此，过分苛求车轮动平衡机的精度和灵敏度并无太大的实际意义。特殊情况下，如高速乘用车和赛车，可使用特制的平衡重块。

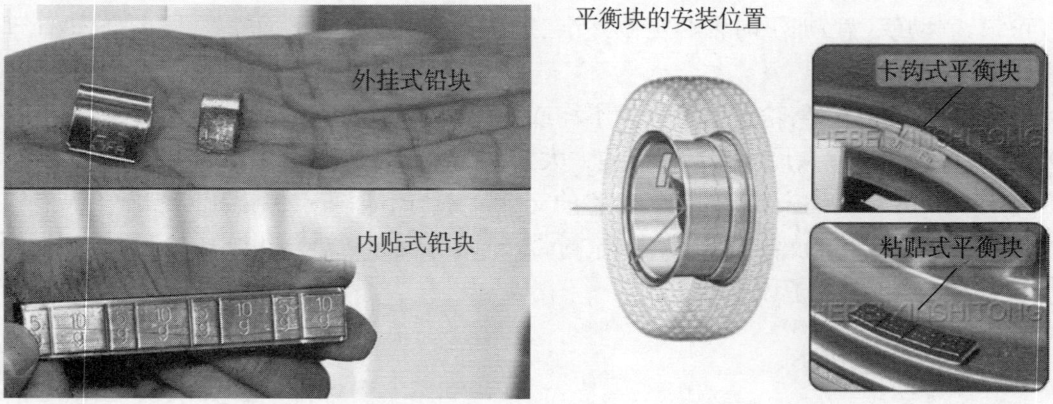

图 2－23　动平衡块

(4) 必须明确车轮动平衡机的机械系统和电算电路，都是针对正常车轮使用条件下平衡失准或轻微受损但仍能使用的车轮而设计的，对因交通事故而严重变形的轮辋或胎面大面积剥离的车轮是不能上机进行平衡检测的。一方面不平衡量过大的车轮旋转时的离心力可能损伤车轮动平衡机的传感系统，另一方面超值的不平衡力可能溢出电算范围而使仪器自动拒绝工作。

(5) 当不平衡量超过最大配重时，可用两个以上配重并列使用。但这时要注意因多个配重占用较大的扇面会使其有效质量低于实际质量。

(6) 一般情况下，离车式车轮动平衡机或就车式车轮动平衡机都是分别各自使用的。但对高速行驶的汽车车轮而言，如果用离车式车轮动平衡机平衡后再装在车上行驶时，仍会出现不平衡现象。因此，使用离车式车轮动平衡机平衡车轮后，最好能再用就车式车轮动平衡机进行校对。

二、制定方案

根据情境导入中的案例，需要对车轮进行动平衡检测、校正。教师在组织教学的过程中，根据车轮的动平衡检测、校正方案，带领学生检测、校正车轮的动平衡，以便熟练掌握检测、校正车轮动平衡的方法，如表 2－11 所示。

表 2-11　大众桑塔纳车轮动平衡检测、校正方案表

	大众桑塔纳车轮动平衡检测、校正方案	
车辆信息描述	车辆描述	大众桑塔纳 1.8 L,行驶里程 23 000 km,出厂时间:2007 年 7 月
	故障现象	车辆在高速公路上发生事故,导致车辆右前侧和左后受损严重;现车辆进站维修,发现除需要做钣金油漆外,维修人员还需要检查底盘确定需要更换与维修的零部件,并进行车辆维修
设备/工具/耗材	设备:轮胎动平衡机,车轮; 工具:平衡块拆装工具,弯尺,平衡块卡钳,深度游标卡尺,胎压表; 耗材:平衡块,抹布,清洗剂	
安全要求及注意事项	1. 安全要求: (1) 严格按照维修手册要求的流程进行操作; (2) 听从老师管理,禁止随意操作实训车辆、设备等; (3) 安全操作,禁止明火; (4) 注意劳动保护。 2. 操作注意事项: (1) 正确使用轮胎动平衡机; (2) 动平衡机上的轮胎必须安装紧固; (3) 操作动平衡机注意自我保护; (4) 安装动平衡块时注意保护轮辋; (5) 动平衡机工作时不能用手触碰车轮	
工作步骤	1. 拆卸下轮辋上的动平衡块; 2. 将轮胎安装到动平衡机上; 3. 去除轮胎纹路上的异物; 4. 启动动平衡机测试; 5. 将等值的平衡块安装与轮辋两侧; 6. 再次测试; 7. 其他车轮依次操作	

教师对学生进行分组,每组选出一个小组长,小组长根据小组成员任务分工不同,确定不同任务的责任人。小组成员任务的划分可以参考下面的小组任务分配表,如表 2-12 所示。

表 2-12　小组任务分配表

	小组任务	个人职责(任务)	小组成员
1	任务前期准备工作	准备该任务的设备、工具、耗材	
2	安全检查	主要负责工具设备使用情况和操作工作的安全监督	
3	车轮检查	负责对检测前车轮的检查与清洁	
4	车轮动平衡操作	负责车轮动平衡机操作	
5	辅助操作	负责提供相应的工具和动平衡块	
6	竣工检查工作	检查所有的设备器材是否齐全	

实训中如果没有该车型，可以参考大众桑塔纳车轮动平衡检测、校正方案，并查阅该车型的维修手册，制定出该车型车轮动平衡检测、校正方案，如表 2－13 所示。

表 2－13　车轮动平衡检测、校正方案表

	______乘用车车轮动平衡检测、校正方案	
车辆信息描述	车辆描述	
	故障现象	
设备/工具/耗材		
安全要求及注意事项		
工作步骤		

三、实施

依据制定的方案实施，并填写项目单，如表 2－14 所示。

表 2－14　实训结果项目表

	车型：		轮胎规格：		
轮胎	气压		是否有异物		
轮辋	轮辋直径	轮辋宽度	轮辋至机箱距离	轮辋内侧不平衡值	轮辋外侧不平衡值
				1： 2： 3： 4：	1： 2： 3： 4：

四、作业

1. 通过实训后完善本项目的实施方案。

2. 结合所学的项目分析：高速行驶的车辆转向盘抖动严重是否可以通过做车轮动平衡解决故障?

五、知识拓展

使用就车式车轮平衡机，无需从车上拆下车轮，就车即可测得车轮的平衡状况。就车式车轮动平衡机一般由驱动装置、测量装置、指示与控制装置、制动装置和小车等组成，如图 2-24 所示。其工作原理如图2-25 所示。

驱动装置由电动机、转轮等组成，能带动支离地面的车轮转动。测量装置由传感磁头、可调支杆、底座和传感器等组成。它能将车轮不平衡量产生的振动变成电信号，送至指示与控制装置。指示与控制装置由频闪灯、不平衡度表或数字显示屏等组成。频闪灯用来指示车轮不平衡点位置，不平衡度表或数字显示屏用来指示车轮的不平衡量。不平衡量，一般有两个挡位。第一挡往往用于初查时的指示，第二挡往往用于装上平衡块后复查时指示。制动装置用于车轮停转。除测量装置外，车轮动平衡机的其余装置都装在小车上，可方便地移动。

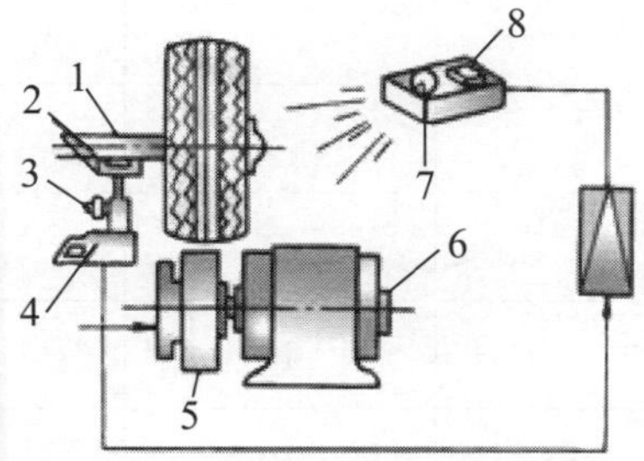

1—转向节；2—传感磁头；3—可调支杆；4—底盘；5—转轮；6—电动机；7—频闪灯；8—不平衡度表

图 2-24　就车式车轮动平衡机示意图

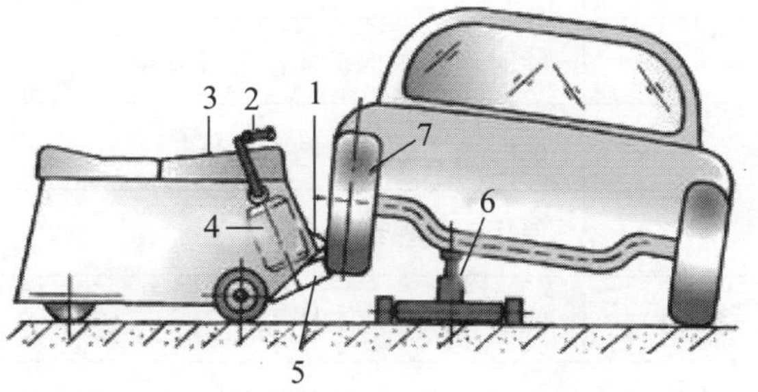

1—光电传感器；2—手柄；3—仪表板；4—驱动电机；5—磨擦轮；6—传感器支架；7—被测车轮

图 2-25　就车式车轮平衡机工作图

检查与评估

1. 学生自我检查

学生通过对任务 1 的学习，独立结合实训车辆填写学习情况检查表(表 2-15)，以检测自己对任务 1 学习的掌握情况。

表 2-15 学习情况检查表

	部件名称	检查/更换内容	工具、耗材	检查结果/更换步骤
1		车轮拆卸		
2	车轮	车轮换位		
3		车轮动平衡		
4		检查轮胎气压		
5		检查轮胎花纹		
6	轮胎	检查轮胎沟槽深度		
7		更换轮胎		
8		检查轮胎尺寸		
9		检查轮辋		
10	轮辋	测量轮辋直径		
11		测量轮辋宽度		

2. 指导教师评估

指导老师在整个教学过程中，关注每个活动小组的工作过程以及小组成员的动手能力，并对小组成员动手能力进行考核，如表 2-16 所示。

表 2-16 指导教师评估表

	考核量化指标	分值(总分)	学生得分
1	能时刻注意保护操作部件安全	5	
2	能时刻注意自我的人身保护	5	
3	使用工具熟练程度	5	
4	能够积极完成本职工作	10	
5	能够熟练查询维修资料	10	
6	能够根据方案拆卸、检查车轮	15	
7	能够根据方案分解、更换、装配轮胎	15	
8	能够根据方案进行车轮动平衡检测与校正	15	
9	能够完成实训结果项目表的填写	10	
10	能够完成学习情况检查表的填写	10	
总计			

任务 2　拆装与检修前悬架

任务描述

一、学习目标

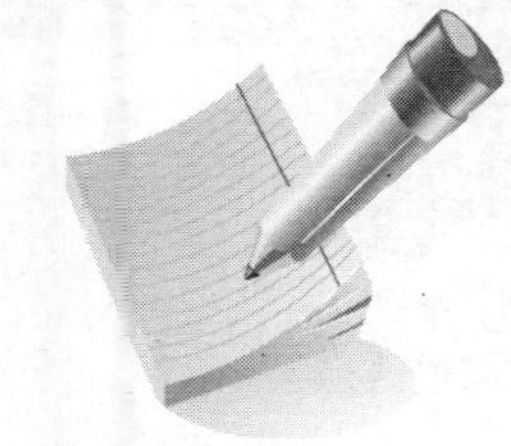	1. 能够完成前悬架的拆卸； 2. 能够完成前悬架的检修； 3. 能够完成前悬架的总装

二、学习内容

	1. 大众桑塔纳前减振器拆卸； 2. 大众桑塔纳前减振器检查； 3. 大众桑塔纳稳定杆拆卸； 4. 大众桑塔纳稳定杆检查 5. 大众桑塔纳车轮导向装置拆卸； 6. 大众桑塔纳车轮导向装置检查； 7. 大众桑塔纳副车架拆卸； 8. 大众桑塔纳副车架检查

项目 1　拆卸、检修前减振器总成

一、知识链接

1. 悬架的功能

不同的悬架系统在结构上不尽相同，但是它们都具有相同的基本功能：支承车身，并使车身和车轮之间保持适当的几何关系；车辆行驶时，悬架与轮胎一起吸收和缓冲因路面不平所造成的各种振动、摇摆和冲击，从而保护乘客和货物的安全，并改善驾驶的稳定性；将路面和车轮之间摩擦所产生的驱动力和制动力传递至底盘和车身。前悬架常见的独立形式如图 2－26 和图 2－27 所示。

图 2-26　横臂式前悬架

图 2-27　麦弗逊式悬架

2. 减振器

减振器起减振作用。减振器按工作介质分为充油型、油气型、充气型和电磁型。按结构分又可分为单筒型和双筒型。

由于弹性元件在受到冲击后会产生振动，而持续的振动易使乘员感到不舒适和疲劳，故悬架系统中设有减振器，用以限制弹簧的自由振荡，使振动迅速衰减，振幅迅速减小，以提高乘坐舒适性。前减振器(减振阻尼)如图 2-28 所示。

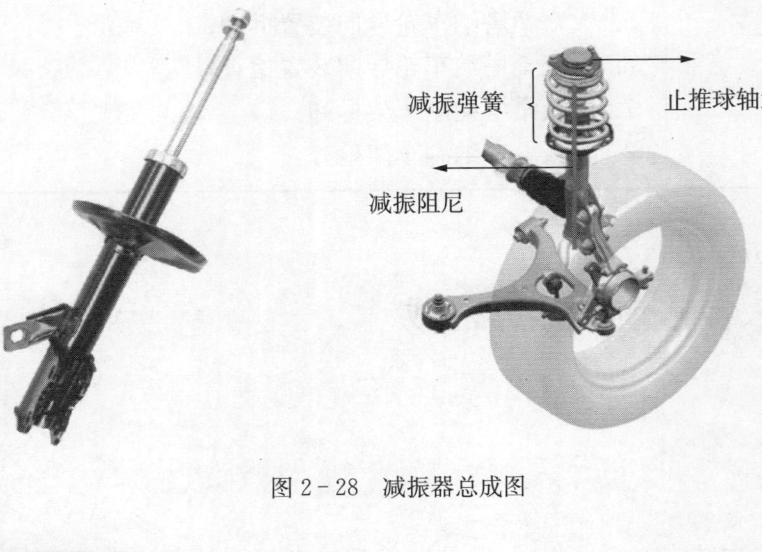

图 2-28　减振器总成图

3. 大众桑塔纳减振器组成

减振器总成由橡胶弹性元件、防护套、减振器、悬架轴承(前)和减振弹簧等组成。大众桑塔纳前减振器集成了转向摇臂、前轮轴承等，如图 2-29 所示。

4. 减振器检查方法

(1) 使汽车在道路条件较差的路面上行驶 10 km 后停车，用手摸减振器外壳，如果不够热，说明减振器内部无阻力，减振器不工作。

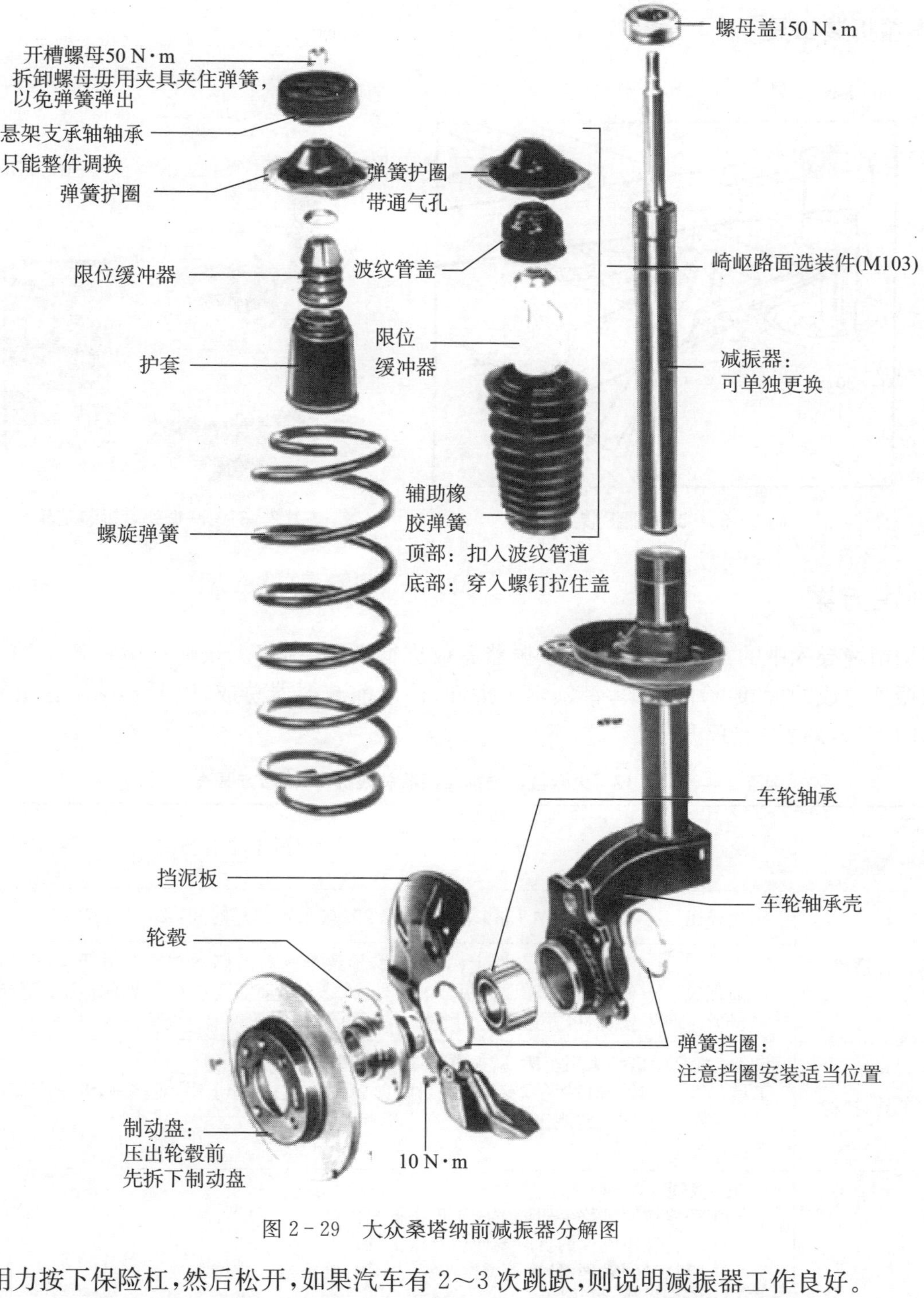

图 2-29　大众桑塔纳前减振器分解图

(2) 用力按下保险杠，然后松开，如果汽车有 2～3 次跳跃，则说明减振器工作良好。

(3) 当汽车缓慢行驶而紧急制动时，若汽车振动比较剧烈，说明减振器有问题。

(4) 拆下减振器将其直立，并把下端连接环夹于台钳上，用力拉压减振杆数次，此时应有稳定的阻力，往上拉(复原)的阻力应大于向下压时的阻力，如阻力不稳定或无阻力，可能是减振器内部缺油或阀门零件损坏，应进行修复或更换零件。

(5) 在确定减振器有问题或失效后，应先查看减振器是否漏油或有陈旧性漏油的痕迹。

(6) 如果减振器没有漏油的现象，则应检查减振器防尘罩、缓冲块。

5. 减振器拆装工具

减振器拆装工具如图 2 - 30 和图 2 - 31 所示。

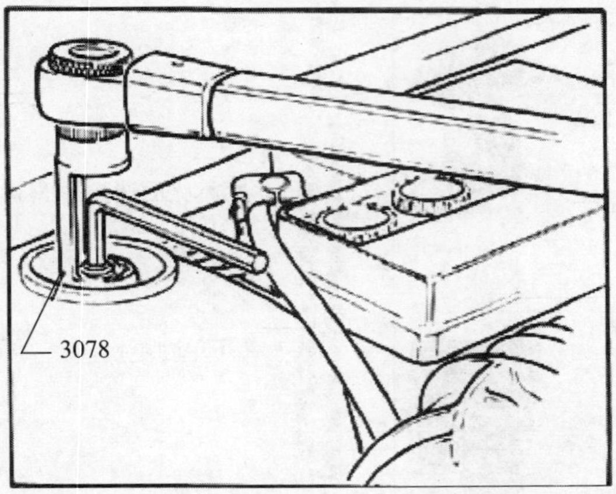

图 2 - 30　减振器拆装工具

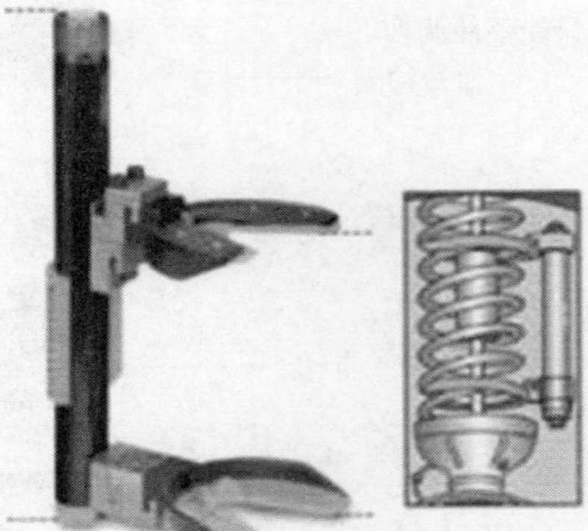

图 2 - 31　减振弹簧拆装工具

二、制定方案

根据情境导入中的案例，需要对前减振器总成进行拆卸、检修。教师在组织教学的过程中，根据前减振器总成的拆卸、检修方案，带领学生拆卸、检修前减振器总成，以便熟练掌握拆卸、检修前减振器的方法，如表 2 - 17 所示。

表 2 - 17　大众桑塔纳前减振器总成拆卸、检修方案表

	大众桑塔纳前减振器总成拆卸、检修方案	
车辆信息描述	车辆描述	大众桑塔纳 1.8 L，行驶里程 23 000 km，出厂时间：2007 年 7 月
	故障现象	车辆在高速公路上发生事故，导致车辆右前侧和左后受损严重；现车辆进站维修，发现除需要做钣金油漆外，维修人员还需要检查底盘确定需要更换与维修的零部件，并进行车辆维修
设备/工具/耗材	设备：大众桑塔纳乘用车辆，减振器拆装台架，举升机一台； 工具：套筒工具，开口扳手，专用拉马，撬杆，棘轮轮扳手，管子钳，短接杆，开槽套筒，减振器拆装专用工具，常规工具一套； 耗材：铁丝	
安全要求及注意事项	1. 安全要求： (1) 严格按照维修手册要求的流程进行操作； (2) 对特殊零部件的拆解要使用专用工具； (3) 听从老师管理，禁止随意操作实训车辆、设备等； (4) 安全操作，禁止明火； (5) 注意劳动保护。 2. 操作注意事项： (1) 正确使用举升机及工具； (2) 铁丝固定制动钳时，固定要良好，不要损坏制动软管； (3) 旋下减振器活塞杆的螺母时，应先用手托住悬架，防止总成落地伤人； (4) 对减振器的拆解要使用专用工具； (5) 用减振器专用拉具压缩螺旋弹簧时，应注意减振器专用拉具安装到位，人不能站在减振器对面； (6) 安装减振器时要所有螺栓固定后才能取下拆装工具	

（续表）

	大众桑塔纳前减振器总成拆卸、检修方案
工作步骤	1. 转动前悬架支撑轴轴承，如果转动不灵活，则应更换新件； 2. 拆卸轮胎螺栓； 3. 使用加力杆拧松半轴锁止螺母； 4. 拆卸前制动固定支架螺栓； 5. 拆卸 ABS 轮速传感器； 6. 拆卸转向横拉杆球头固定螺母； 7. 拆卸下稳定杆固定螺栓； 8. 拆卸下控制摆臂； 9. 使用专用工具拆卸减振器上固定螺母； 10. 取下减振器总成(检查减振器外壳是否有漏油处，如外壳有漏油，应更换减振器)； 11. 使用减振器拆装工具拆卸减震阻尼； 12. 检查减振器防尘罩、缓冲块，如有损伤、龟裂、老化等现象应更换新件； 13. 检查减震阻尼是否正常推拉动减振器活塞杆，拉出时阻力应该较大，如拉出时无阻力，应更换减振器； 14. 检查减振器弹簧检查螺旋弹簧，如有损坏、折断，应更换螺旋弹簧； 15. 检查止推球轴承是否正常； 16. 检查支座和底架是否变形

教师对学生进行分组，每组选出一个小组长，小组长根据小组成员任务分工不同，确定不同任务的责任人。小组成员任务的划分可以参考下面的小组任务分配表，如表 2－18 所示。

表 2－18　小组任务分配表

	小组任务	个人职责(任务)	小组成员
1	任务前期准备工作	准备该任务的设备、工具、耗材	
2	安全检查	主要负责工具设备使用情况和操作工作的安全监督	
3	减振器总成拆卸	负责拆卸减振器总成拆卸和外围部件拆卸	
4	减振器总成检查	负责检查减振器部件是否损坏	
5	减振器总成分解	负责拆卸减振器总成各部件的分解操作	
6	竣工检查工作	检查所有的设备器材是否齐全	

实训中如果没有该车型，可以参考大众桑塔纳前减振器总成拆卸、检修方案，并查阅该车型的维修手册，制定出该车型前减振器总成拆卸、检修方案，如表 2－19 所示。

表 2-19　前减振器总成拆卸、检修方案表

	________乘用车前减振器总成拆卸、检修方案	
车辆信息描述	车辆描述	
	故障现象	
设备/工具/耗材		
安全要求及注意事项		
工作步骤		

三、实施

依据制定的方案实施，填写项目单，如表 2-20 和表 2-21 所示。

表 2-20　实训结果项目表(1)

	步骤	工具	零部件
1			
2			
3			
4			
5			

表 2 - 21　实训结果项目表(2)

	零部件	检查结果	处理方法
1	减振器		
2	缓冲块		
3	波纹管		
4	减振弹簧		
5	止推球轴承		

四、作业

1. 通过实训后完善本项目的实施方案。

2. 简述减振器的功用。

3. 分别列举 3 个采用横臂式减振器和麦弗逊式前悬架的车型。

五、知识拓展

减振器可分为充油型减振器、油气型减振器和空气减振器。

1. 充油型减振器

充油型减振器利用活塞在油液中的移动来衰减弹簧产生的振荡，如图 2 - 32(a)所示。它们可用于衰减车辆加速和制动时的俯仰振荡。减振器是靠油液的黏度和活塞上阀门配置的组合来产生阻尼作用的。

2. 油气型减振器

油气型减振器中充有与油液隔离开的压缩的惰性气体，如图 2 - 32(b)所示。惰性气体的使用避免了油液在回程操作过程中出现混气和发泡现象。

1) 单筒式减振器

单筒式减振器如图 2 - 33 所示。单筒直接暴露于大气中，具有良好的热辐射。筒的一端充有高压气体,它需要高压氮气(2.0～2.9 MPa),用一自由活塞与油完全密封开。这将确保操作期间不会发生空穴现象和混气现象,从而提供更稳定的缓冲,并且工作噪声大大降低。

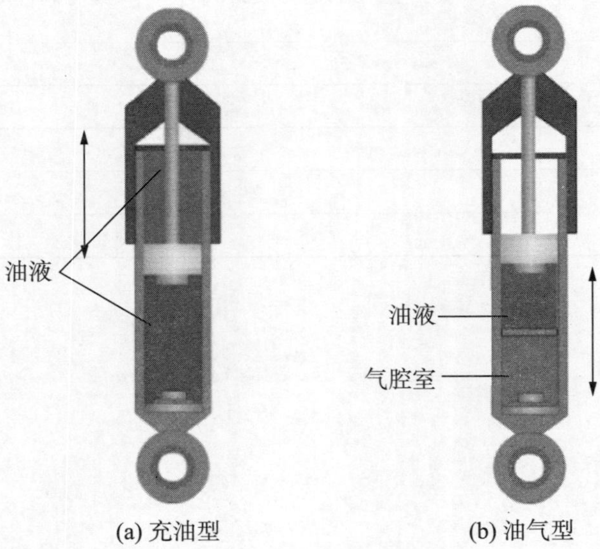

(a) 充油型　　(b) 油气型

图 2-32　减振器的类型

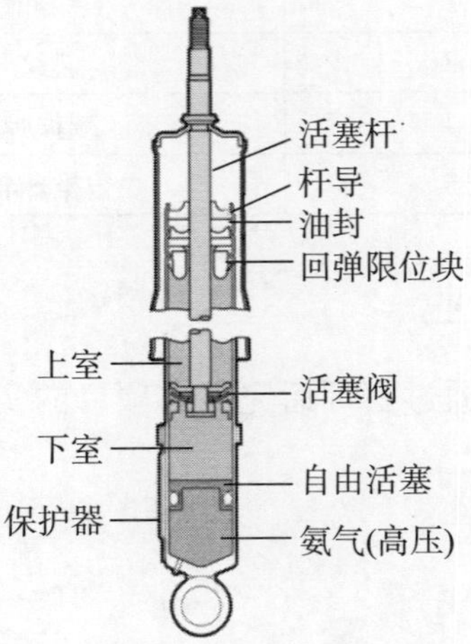

图 2-33　单筒式减振器

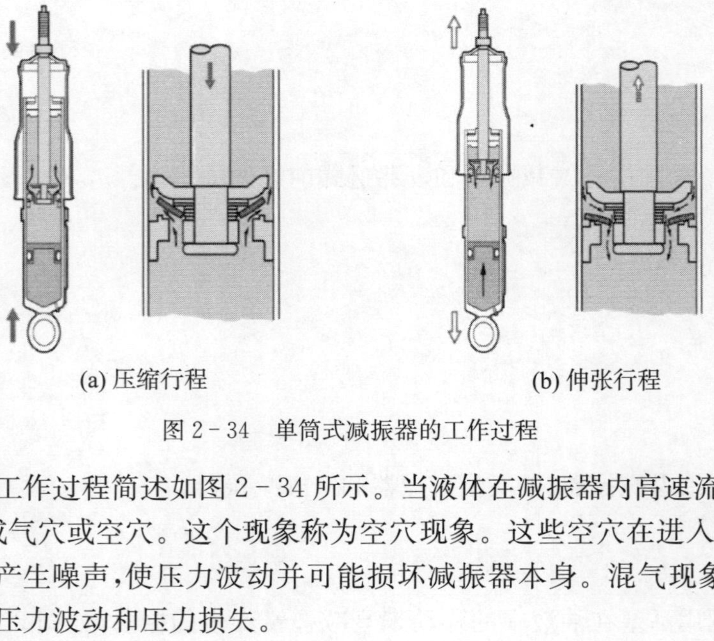

(a) 压缩行程　　(b) 伸张行程

图 2-34　单筒式减振器的工作过程

单筒式减振器其工作过程简述如图 2-34 所示。当液体在减振器内高速流动时,压力在某些区域下降,在液体中形成气穴或空穴。这个现象称为空穴现象。这些空穴在进入高压区时破裂,造成大的冲击压力。这将产生噪声,使压力波动并可能损坏减振器本身。混气现象是空气和减振器液的混合,可导致噪声、压力波动和压力损失。

2) 双筒式减振器

在减振器壳(外筒)内有一缸(压力筒),缸内有一上下运动的活塞。在活塞杆底部,装有活塞式滑阀,减振器伸张时(回弹期间)产生减振力。缸的底部有一底阀,在减振器压缩时(弹跳期间)产生减振力。缸内装有减振液(油),但是储油室内只有 2/3 装油。余下的空间充有大气压力的空气或低压气体,如图 2-35 所示。

低压充气型充有低压气体(0.3～0.6 MPa),最大程度的减少空穴和混气现象,获得更稳定的减振力,于是改善了乘坐舒适性和驾驶稳定性。

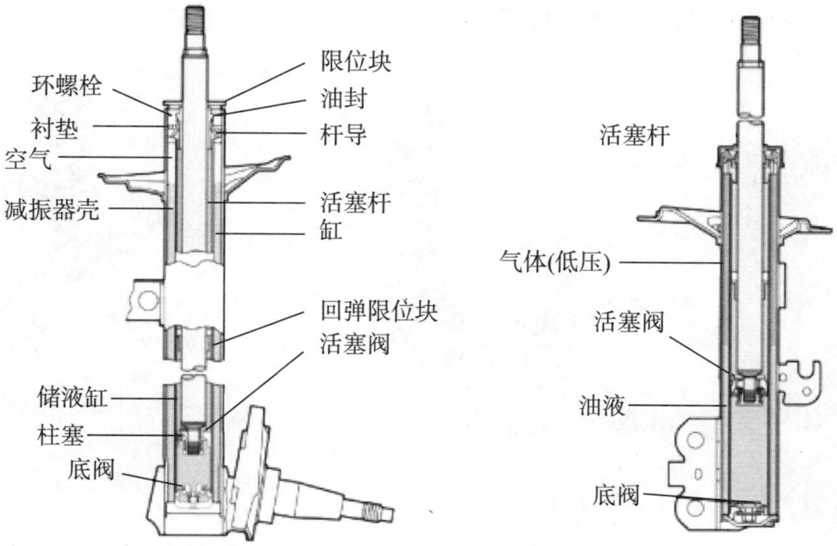

图 2-35　双筒式减振器

3. 空气减振器

空气减振器组件是一种使用空气的辅助系统。减振器的上腔室中可以充入压缩空气。该减振器可提供调节乘坐高度的功能，协助弹簧的工作并可承受重载荷的作用。目前较多用于高级乘用车上。此组件的主要零部件有：控制单元、空气减振器、通气管道、压缩机、空气干燥器及高度传感器等，如图 2-36 所示。

图 2-36　空气减振器

项目2　拆卸、检修横向稳定杆、下摆臂与车轮导向装置

一、知识链接

1. 横向稳定杆、下摆臂与车轮导向装置

横向稳定杆、下摆臂与车轮导向装置是车辆底盘重要组成部分，起到支撑底盘和车身，车轮转

向和行驶中车身稳定的作用。其结构组成如图 2－37 和图 2－38 所示。

图 2－37　转向节、横向稳定杆

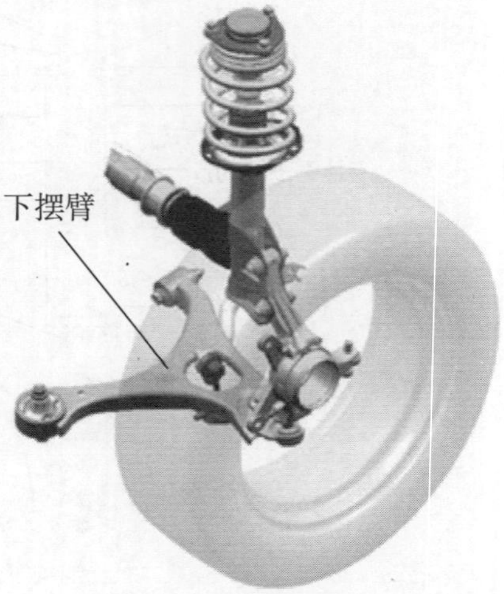

图 2－38　下摆臂

2. 下摆臂和横向稳定杆

检查下摆臂和横向稳定杆橡胶衬套、球头。部件组成和检查位置如图 2－39 和图 2－40 所示。

图 2－39　横向稳定杆分解图

图 2－40　下摆臂

3. 前轮轴承(双列球轴承)及拆装工具

前轮轴承的拆卸和安装必须要使用专用工具,安装时注意轴承的角度,操作不当容易导致轴承损坏,如图 2－41 所示。

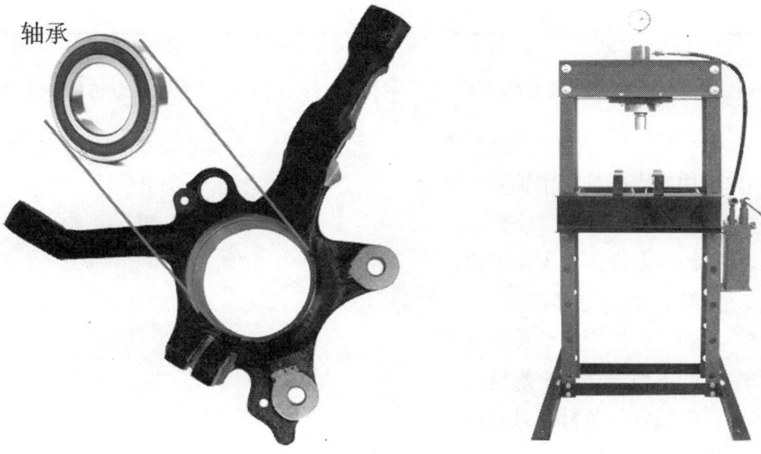

图 2 - 41　前轮轴承及拆装工具

二、制定方案

根据情境导入中的案例，需要对横向稳定杆、下摆臂与车轮导向装置进行拆卸、检修。教师在组织教学的过程中，根据横向稳定杆、下摆臂与车轮导向装置的拆卸、检修方案，带领学生拆卸、检修横向稳定杆、下摆臂与车轮导向装置，以便熟练掌握拆卸、检修横向稳定杆、下摆臂与车轮导向装置的方法，如表 2 - 22 所示。

表 2 - 22　大众桑塔纳横向稳定杆、下摆臂与车轮导向装置拆卸、检修方案表

	大众桑塔纳横向稳定杆、下摆臂与车轮导向装置拆卸、检修方案	
车辆信息描述	车辆描述	大众桑塔纳 1.8 L，行驶里程 23 000 km，出厂时间：2007 年 7 月
	故障现象	车辆在高速公路上发生事故，导致车辆右前侧和左后受损严重；现车辆进站维修，发现除需要做钣金油漆外，维修人员还需要检查底盘确定需要更换与维修的零部件，并进行车辆维修
设备/工具/耗材	设备：大众桑塔纳乘用车一辆或者底盘台架，举升机； 工具：开口扳手，棘轮扳手，专用拉马，撬杆，橡胶锤，套筒工具，短接杆，一字螺丝刀，管子钳，开槽套筒，专用压具； 耗材：铁丝	
安全要求及注意事项	1. 安全要求： (1) 严格按照维修手册要求的流程进行操作； (2) 对特殊零部件的拆解要使用专用工具； (3) 听从老师管理，禁止随意操作实训车辆、设备等； (4) 安全操作，禁止明火； (5) 注意劳动保护。 2. 操作注意事项： (1) 正确使用工具； (2) 操作必须在老师的指导下进行； (3) 严格按要求进行拆卸项目作业； (4) 拆卸过程中注意不要损伤橡胶衬套； (5) 举升机必须要锁止保险后才能继续拆卸操作	

（续表）

	大众桑塔纳横向稳定杆、下摆臂与车轮导向装置拆卸、检修方案
工作步骤	1. 使用加力杆拧松半轴锁止螺母； 2. 拆卸轮胎螺栓； 3. 拆卸前制动固定支架螺栓； 4. 拆卸 ABS 轮速传感器； 5. 拆卸转向横拉杆球头固定螺母； 6. 拆卸下稳定杆固定螺栓； 7. 检查稳定杆及衬套是否损坏； 8. 拆卸下控制摆臂； 9. 使用专用工具拆卸减振器上固定螺母； 10. 取下减振器总成； 11. 拆卸减振器； 12. 检查导向装置(羊角)是否变形、损坏； 13. 检查车轮轴承； 14. 损坏，使用轴承压力机更换轴承

教师对学生进行分组，每组选出一个小组长，小组长根据小组成员任务分工不同，确定不同任务的责任人。小组成员任务的划分可以参考下面的小组任务分配表，如表 2－23 所示。

表 2－23　小组任务分配表

	小组任务	个人职责(任务)	小组成员
1	任务前期准备工作	准备该任务的设备、工具、耗材	
2	安全检查	主要负责工具设备使用情况和操作工作的安全监督	
3	拆检横向稳定杆	负责拆卸检修横向稳定杆	
4	拆检下摆臂	负责下摆臂拆检操作	
5	拆检车轮导向装置及轴承	负责车轮导向装置及轴承拆检操作	
6	竣工检查工作	检查所有的设备器材是否齐全	

实训中如果没有该车型，可以参考大众桑塔纳横向稳定杆、下摆臂与车轮导向装置拆卸、检修方案，并查阅该车型的维修手册，制定出该车型横向稳定杆、下摆臂与车轮导向装置拆卸、检修方案，如表2－24所示。

表2-24　横向稳定杆、下摆臂与车轮导向装置拆卸、检修方案表

	________乘用车横向稳定杆、下摆臂与车轮导向装置拆卸、检修方案	
车辆信息描述	车辆描述	
	故障现象	
设备/工具/耗材		
安全要求及注意事项		
工作步骤		

三、实施

依据制定的方案实施，并填写项目单，如表2-25所示。

表2-25　实训结果项目表

	零部件名称	检查步骤	拆卸步骤
1	横向稳定杆		
2	下摆臂		
3	前轮轴承		

四、作业

1. 通过实训后完善本项目的实施方案。

2. 举例三个车辆轴承损坏导致的车辆故障现象。

五、知识拓展

横向稳定器杆的作用是防止车身在转向等情况下发生过大的横向倾斜。乘用车由于其悬架弹簧较软，所以更容易发生这种现象。为了减少这种横向倾斜，悬架中常常增设横向稳定器。现代乘用车用的较多的是杆式横向稳定器，又称横向稳定杆，横向稳定杆用弹簧钢制成，横置在汽车前端或后端，有的汽车前端和后端都有，如图 2-42 所示。

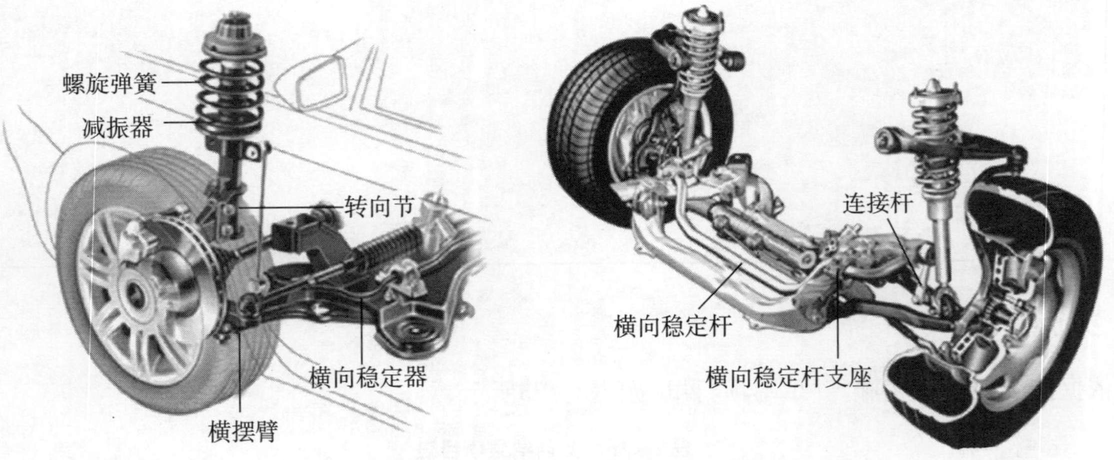

图 2-42　横向稳定器(杆)

横向稳定杆呈扁平的 U 形，稳定杆的中部的两端自由地支承在两个橡胶套筒内，套筒固定于车架上。横向稳定杆的两侧纵向部分的末端通过横向稳定杆支座与悬架下摆臂(下控制臂)上的弹簧支座相连。

当两则悬架变形相同时，横向稳定杆不起作用。当两侧悬架变形不等时，车身相对路面横向倾斜(一侧车身降低，另一侧车身被抬高)时，车架一侧移近弹簧支座，稳定杆的同侧末端就随车架向下移动，而另一侧车架远离弹簧座，相应横向稳定杆的末端相对车架上移，横向稳定杆中部对于车架没有相对运动，而稳定杆两边的纵向部分向不同方向偏转，于是稳定杆被扭转。弹性的稳定杆产生抵抗扭转的内力矩就阻碍了悬架弹簧的变形量，减少了车身的横向倾斜和横向角振动。

项目 3　拆卸、检修前悬架副车架

一、知识链接

1. 车身

目前大部分乘用车都采用承载式车身(图 2-43),只有在少部分 SUV 车型上采用非承载式车身(图 2-44)。

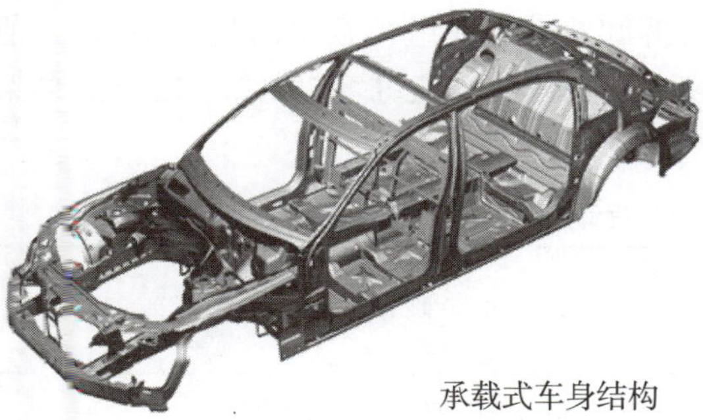

图 2-43　承载式车身

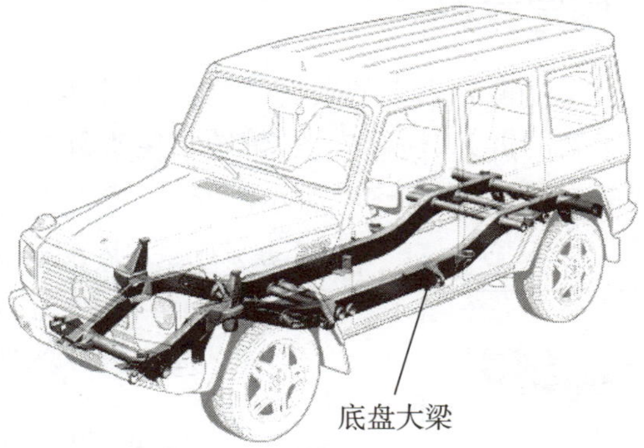

图 2-44　非承载式车身

2. 副车架

副车架可以看成是前后车桥的骨架,是前后车桥的组成部分。副车架并非完整的车架,只是支承前后车桥、悬架的支架,使车桥、悬架通过它再与“正车架”相连,习惯上称为“副架”,如图 2-45 所示。副架的作用是阻隔振动和噪声,减少其直接进入车厢。

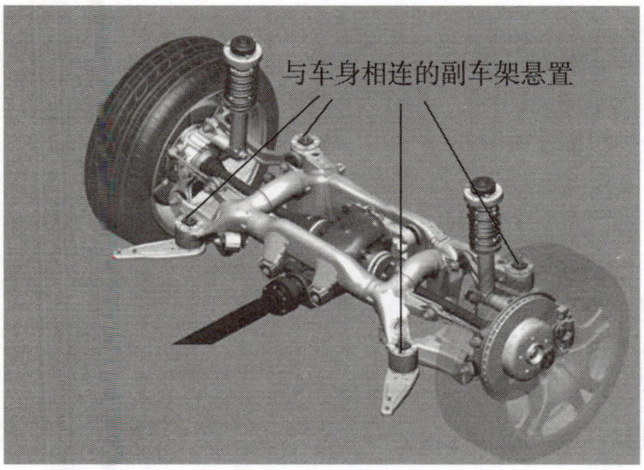

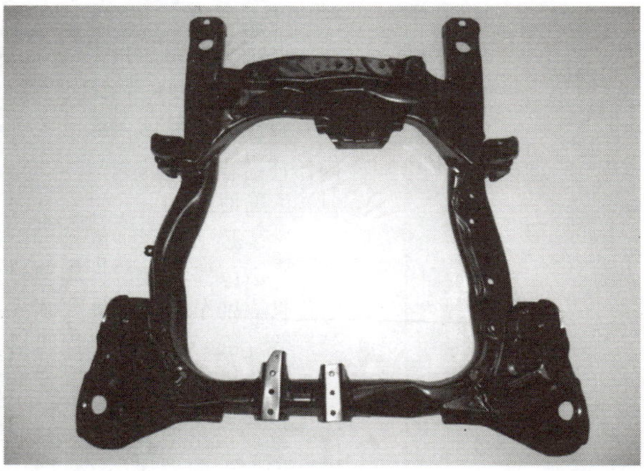
图 2-45　副车架

3. 副车架(元宝梁)拆卸工具

副车架拆卸需要有辅助工具,液压支架固定发动机,轴承压力机用于拆卸更换副车架的橡胶支撑,如图 2-46 所示。

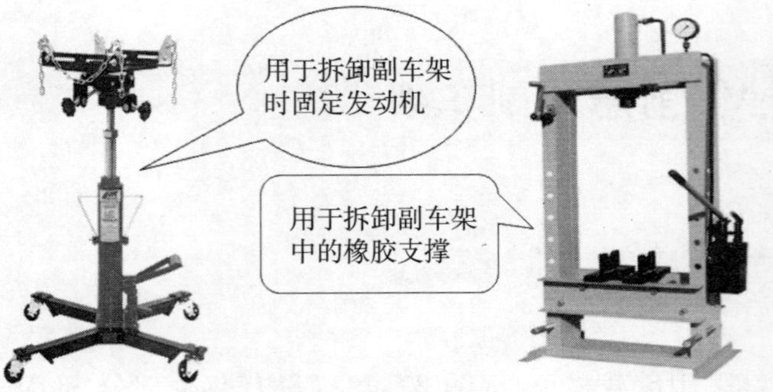

图 2-46　液压支架和轴承压力机

二、制定方案

根据情境导入中的案例，需要对前悬架副车架进行拆卸。教师在组织教学的过程中，根据前悬架副车架的拆卸、检修方案，带领学生拆卸、检修前悬架副车架，以便熟练掌握拆卸、检修前悬架副车架的方法，如表 2-26 所示。

表 2-26　大众桑塔纳前悬架副车架拆卸、检修方案表

	大众桑塔纳前悬架副车架拆卸、检修方案	
车辆信息描述	车辆描述	大众桑塔纳 1.8 L，行驶里程 23 000 km，出厂时间：2007 年 7 月
	故障现象	车辆在高速公路上发生事故，导致车辆右前侧和左后受损严重；现车辆进站维修，发现除需要做钣金油漆外，维修人员还需要检查底盘确定需要更换与维修的零部件，并进行车辆维修
设备/工具/耗材	设备：大众桑塔纳乘用车，立式举升机，液压支架，轴承压力机； 工具：套筒工具，常规工具	
安全要求及注意事项	1. 安全要求： (1) 严格按照维修手册要求的流程进行操作； (2) 正确使用立式举升机； (3) 听从老师管理，禁止随意操作实训车辆、设备等； (4) 安全操作，禁止明火； (5) 注意劳动保护。 2. 操作注意事项： (1) 正确使用工具； (2) 操作必须在老师的指导下进行； (3) 严格按要求进行拆卸项目作业； (4) 取下副车架时必须要多人配合进行； (5) 举升机必须要锁止保险后方能操作； (6) 发动机变速器需要固定位置后才能取下副车架	
工作步骤	1. 通过发动机吊架或者使用液压支架固定发动机； 2. 拆卸副车架固定螺栓； 3. 检查副车架是否有变形移位的现象； 4. 检查副车架橡胶支撑是否损坏； 5. 通过轴承压力机更换支撑	

教师对学生进行分组，每组选出一个小组长，小组长根据小组成员任务分工不同，确定不同任务的责任人。小组成员任务的划分可以参考下面的小组任务分配表，如表 2-27 所示。

表 2－27　小组任务分配表

	小组任务	个人职责(任务)	小组成员
1	任务前期准备工作	准备该任务的设备、工具、耗材	
2	安全检查	主要负责工具设备使用情况和操作工作的安全监督	
3	拆卸副车架周边附件	负责拆卸副车架外围零件	
4	拆检副车架	负责副车架拆检操作	
5	辅助操作	负责拆卸部件摆放	
6	竣工检查工作	检查所有的设备器材是否齐全	

实训中如果没有该车型，可以参考大众桑塔纳前悬架副车架拆卸、检修方案，并查阅该车型的维修手册，制定出该车型前悬架副车架拆卸、检修方案，如表 2－28 所示。

表 2－28　前悬架副车架拆卸、检修方案表

	______乘用车前悬架副车架拆卸、检修方案	
车辆信息描述	车辆描述	
	故障现象	
设备/工具/耗材		
安全要求及 注意事项		
工作步骤		

三、实施

依据制定的方案实施，并填写项目单，如表 2－29 所示。

表 2－29　实训结果项目表

拆卸前悬架副车架				
	零部件名称	使用工具	螺栓数量	注意事项
1				
2				
3				
副车架检查				
项目	检查结果	处理方法		
副车架				
发动机悬置				
车架支撑				

四、作业

1. 通过实训后完善本项目的实施方案。

2. 车辆副车架在底盘中起到什么作用?

五、知识拓展

1. 发动机悬置

悬置系统是作为衔接动力总成和车身的部分存在的，主要作用是支撑动力总成、减少动总的振动对整车的影响、限制动总的抖动量，对整车 NVH 性能起着非常大的作用。目前，低端入门级车一般采用三点、四点橡胶悬置，较高端的车型会配合液压悬置一起使用，如图 2-47 所示。

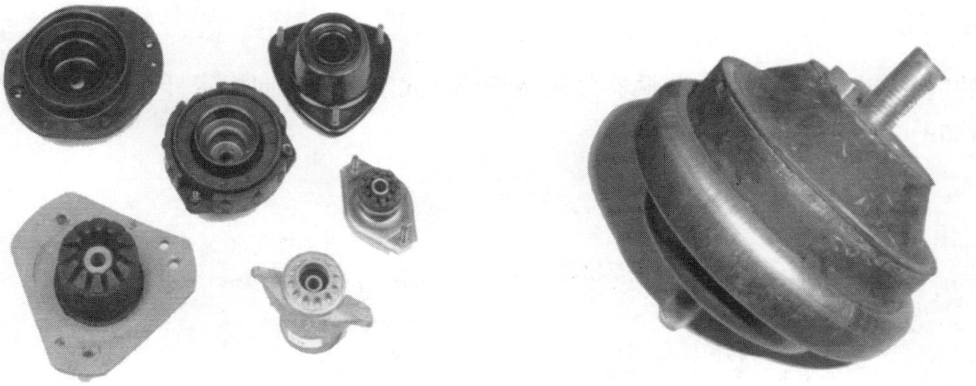

图 2-47　发动机悬置

2. 悬置的作用

悬置用来隔绝发动机振动。也就是说，在悬置的作用下，发动机振动能够尽可能少的被传至驾驶舱。由于发动机在各个转速范围段都有不同的震动特性，所以好的悬置机构能够有效屏蔽各个转速范围段的振动。这就是为什么我们在开一些匹配较好的高档车时，无论发动机处于 2 000 转还是处于 5 000 转，在驾驶时都感觉不到太多发动机振动的原因。

项目 4　安装前悬架

一、知识链接

1. 悬架

悬架可分为独立悬架(图 2-48(a))和非独立悬架(图 2-48(b))。独立悬架系统是每一侧的车轮都是单独地通过弹性悬架系统悬架在车架或车身下面的。其优点是：质量轻，减少了车身受到的冲击，并提高了车轮的地面附着力；可用刚度小的较软弹簧，改善汽车的舒适性；可以使发动机位置降低，汽车重心也得到降低，从而提高汽车的行驶稳定性；左右车轮单独跳动，互不相干，能减小车身的倾斜和振动。

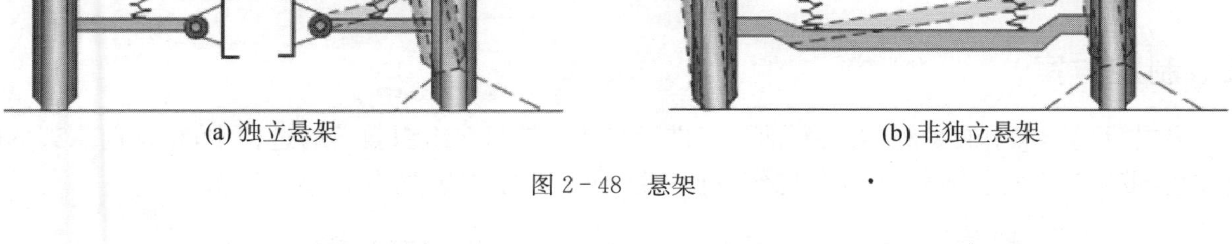

(a) 独立悬架　　(b) 非独立悬架

图 2-48　悬架

独立悬架系统存在着结构复杂、成本高、维修不便的缺点，同时因为结构复杂，会侵占一些车内乘坐空间。现代乘用车大都是采用独立式悬架系统，按其结构形式的不同，独立悬架系统又可分为横臂式、纵臂式、多连杆式、烛式以及麦弗逊式悬架系统等。

2. 前悬架总成

车辆的前悬架总成主要由前减振器总成，副车架（元宝梁），横向稳定杆，上下摆臂，车轮导向装置等组成，如图 2-49 所示。

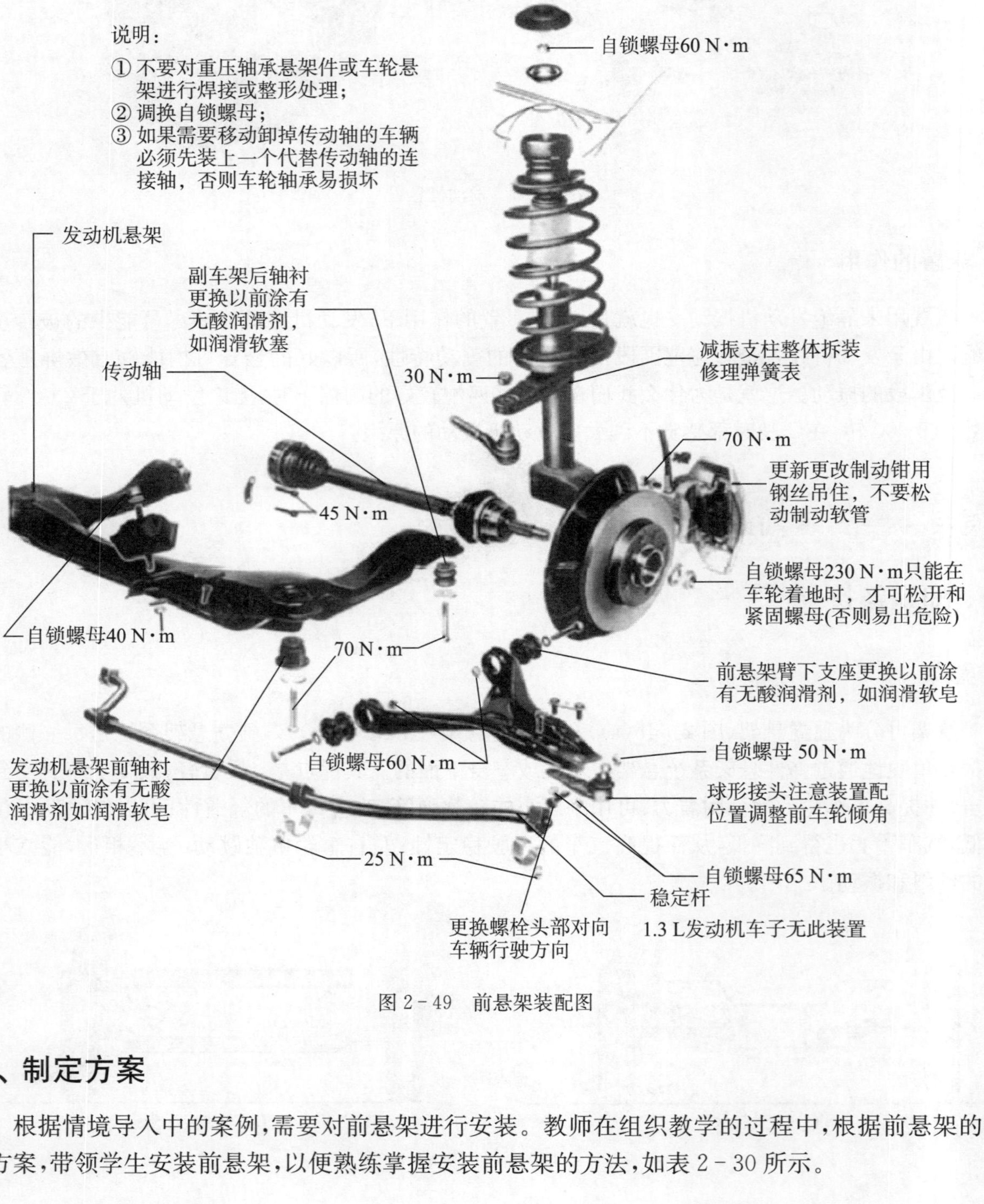

图 2-49　前悬架装配图

二、制定方案

根据情境导入中的案例，需要对前悬架进行安装。教师在组织教学的过程中，根据前悬架的安装方案，带领学生安装前悬架，以便熟练掌握安装前悬架的方法，如表 2-30 所示。

表 2 - 30　大众桑塔纳前悬架安装方案表

	大众桑塔纳前悬架安装方案	
车辆信息描述	车辆描述	大众桑塔纳 1.8 L,行驶里程 23 000 km,出厂时间：2007 年 7 月
	故障现象	车辆在高速公路上发生事故,导致车辆右前侧和左后受损严重;现车辆进站维修,发现除需要做钣金油漆外,维修人员还需要检查底盘确定需要更换与维修的零部件,并进行车辆维修
设备/工具/耗材	设备：大众桑塔纳乘用车,前悬架系统台架,举升机; 工具：开口扳手,套筒工具,橡胶锤,扭力扳手,减振器拆装工具,加力杆等; 耗材：细铁丝,手套	
安全要求及注意事项：	1. 安全要求： (1) 严格按照维修手册要求的流程进行操作; (2) 对特殊零部件的安装要使用专用工具; (3) 听从老师管理,禁止随意操作实训车辆、设备等; (4) 安全操作,禁止明火; (5) 注意劳动保护。 2. 操作注意事项： (1) 正确使用工具; (2) 操作必须在老师的指导下进行; (3) 严格按要求进行安装项目作业; (4) 安装减振器时要注意安全保护; (5) 在减振器上端盖螺栓没有紧固前不能松开专用工具; (6) 安装副车架时需要有人防护才能实施	
工作步骤	1. 安装副车架; 2. 安装下摆臂; 3. 安装车轮导向装置; 4. 安装减振器总成; 5. 安装横向稳定杆; 6. 安装车轮; 7. 检查紧固螺栓和螺母; 8. 试车	

教师对学生进行分组,每组选出一个小组长,小组长根据小组成员任务分工不同,确定不同任务的责任人。小组成员任务的划分可以参考下面的小组任务分配表,如表 2 - 31 所示。

表 2 - 31　小组任务分配表

	小组任务	个人职责(任务)	小组成员
1	任务前期准备工作	准备该任务的设备、工具、耗材	
2	安全检查	主要负责工具设备使用情况和操作工作的安全监督	
3	安装前减振器	负责前减振器总装	
4	安装副车架	负责副车架安装操作	
5	安装横向稳定杆、下摆臂、车轮导向装置等操作	负责外围附件的安装工作	
6	竣工检查工作	检查所有的设备器材是否齐全	

实训中如果没有该车型，可以参考大众桑塔纳前悬架安装方案，并查阅该车型的维修手册，制定出前悬架安装方案，如表 2 - 32 所示。

表 2 - 32　前悬架安装方案表

	________乘用车前悬架安装方案	
车辆信息描述	车辆描述	
	故障现象	
设备/工具/耗材		
安全要求及注意事项		
工作步骤		

三、实施

依据制定的方案实施，并填写项目单，如表 2 - 33 所示。

表 2 - 33　实训结果项目表

	根据实际装配过程排序
装配前减振器	
装配前轮轴承	
装配横向稳定杆	
装配发动机悬置	
装配下摆臂	
装配车轮导向装置	
装配副车架	

四、作业

1. 通过实训后完善本项目的实施方案。

2. 大众桑塔纳前悬架由哪些部分组成？

五、知识拓展

前悬架的结构形式为带横向稳定杆的滑柱摆臂式独立悬架。减振器上端通过减振器安装座与车身挠性相连，下端与转向节刚性相连。螺旋弹簧套在减振器外面（螺旋弹簧几何轴线与减振器活塞杆轴线不重合），支承于上、下弹簧座之间。横向稳定杆两端通过支撑杆球销与减振器相连，中间部份通过橡胶衬套和稳定杆支架支承于车身前端下部。前缓冲块套在减振器活塞杆的上部，用来限制车轮上跳的极限位置，并起缓冲作用。止推球轴承，安装在弹簧上座和减振器安装座之间，用于实现汽车转向时，与转向节刚性联结的减振器和与车身联结的减振器安装座之间的相对转动。"L"形下摆臂通过弹性橡胶衬套和弹性铰接、用压板固定于发动机舱下部，外端通过球头销与转向节相连，球头销组件由三棵高强度螺栓与下摆臂联结。球头销磨损后可拆下更换。球座材质为含油饱和聚酯，具有较高的强度和耐磨性并具有良好的自润滑性能，装配时已加入适量润滑脂，在正常使用中不需添加。

检查与评估

1. 学生自我检查

学生通过对任务2的学习，独立结合实训车辆填写学习情况检查表（表2-34），以检测自己对任务2学习的掌握情况。

表 2-34　学习情况检查表

	前悬架	
部件名称	检查项目	处理结果
前减振器		
横向稳定杆		
下摆臂		
轴承		
副车架		
发动机悬置		

2. 指导教师评估

指导老师在整个教学过程中，关注每个活动小组的工作过程以及小组成员的动手能力，并对小组成员动手能力进行考核，填入表 2-35。

表 2-35　指导教师评估表

	考核量化指标	分值(总分)	学生得分
1	能时刻注意保护操作部件安全	5	
2	能时刻注意自我的人身保护	5	
3	使用工具熟练程度	5	
4	能够积极完成本职工作	10	
5	能够熟练查询维修资料	10	
6	能够根据方案拆卸、检修前减振器	15	
7	能够根据方案拆卸、检修横向稳定杆、下摆臂与车轮导向装置	15	
8	能够根据方案拆卸、检修前悬架副车架	15	
9	能够完成实训结果项目表的填写	10	
10	能够完成学习情况检查表的填写	10	
总计			

任务 3　拆装与检修后悬架

任务描述

一、学习目标

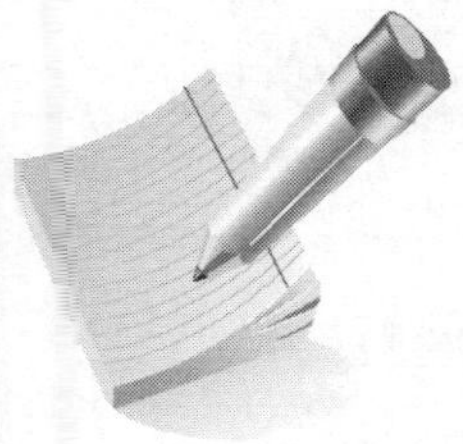	1. 能够完成后悬架的拆卸； 2. 能够完成后悬架的检修； 3. 能够完成后悬架的安装

二、学习内容

	1. 大众桑塔纳后减振器拆卸； 2. 大众桑塔纳后减振器检查； 3. 大众桑塔纳后桥总成拆卸； 4. 大众桑塔纳后桥总成检查； 5. 大众桑塔纳后悬架安装

项目 1　拆卸、检修后减振器

一、知识链接

1. 汽车悬架系统中的弹性元件

汽车悬架系统中采用的弹性元件主要有钢板弹簧、螺旋弹簧、气体弹簧和橡胶弹簧等。目前，车辆通常普遍使用螺旋弹簧和钢板弹簧，如图 2－50 和图 2－51 所示。

2. 乘用车后悬架系统

乘用车后悬架系统通常采用螺旋弹簧非独立悬架和多连杆独立悬架，如图 2－52 和图 2－53 所示。

图 2－50　螺旋弹簧

图 2－51　钢板弹簧

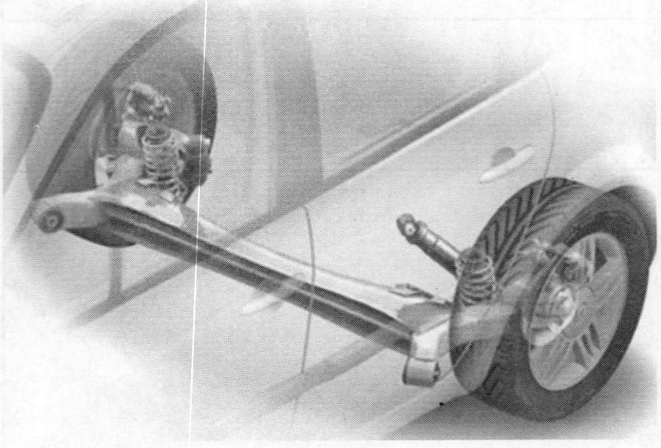

图 2－52　螺旋弹簧非独立悬架

图 2－53　多连杆独立悬架

3. 拆卸后减振器工具

拆卸后减振器专用工具如图 2－54 所示。

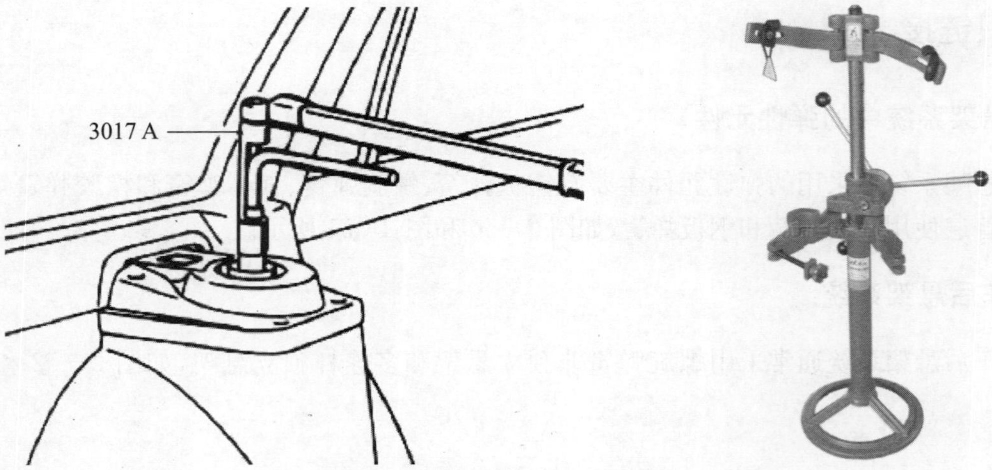

图 2－54　拆卸后减振器专用工具

4. 大众桑塔纳后减振器总成

大众桑塔纳后减振器总成如图 2－55 所示。

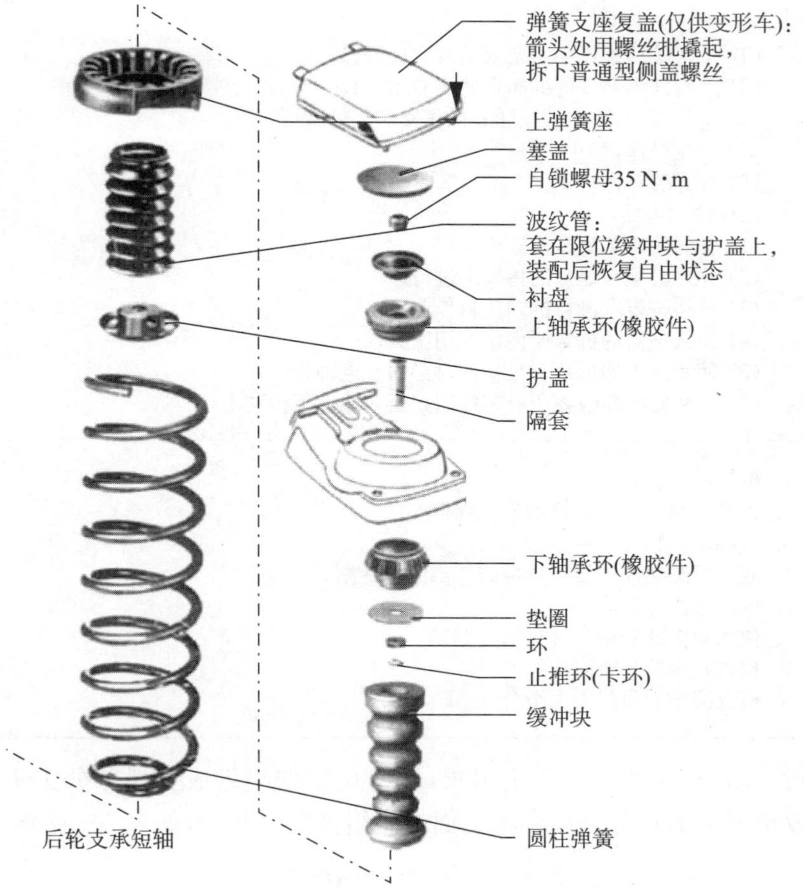

图 2－55　后减振器分解图

二、制定方案

根据情境导入中的案例，需要对后减振器进行拆卸、检修。教师在组织教学的过程中，根据后减振器的拆卸、检修方案，带领学生拆卸、检修后减振器，以便熟练掌握拆卸、检修后减振器的方法，如表 2－36 所示。

表 2－36　大众桑塔纳后减振器拆卸、检修方案表

<table>
<tr><td></td><td colspan="2">大众桑塔纳后减振器拆卸、检修方案</td></tr>
<tr><td rowspan="2">车辆信息描述</td><td>车辆描述</td><td>大众桑塔纳 1.8 L，行驶里程 23 000 km，出厂时间：2007 年 7 月</td></tr>
<tr><td>故障现象</td><td>车辆在高速公路上发生事故，导致车辆右前侧和左后受损严重；现车辆进站维修，发现除需要做钣金油漆外，维修人员还需要检查底盘确定需要更换与维修的零部件，并进行车辆维修</td></tr>
<tr><td>设备/工具/耗材</td><td colspan="2">设备：大众桑塔纳乘用车，大众桑塔纳后桥台架；
工具：减振器拆装专用工具，套筒工具，开口扳手</td></tr>
</table>

（续表）

	大众桑塔纳后减振器拆卸、检修方案
安全要求及注意事项	1. 安全要求： (1) 严格按照维修手册要求的流程进行操作； (2) 对特殊零部件的拆卸要使用专用工具； (3) 听从老师管理，禁止随意操作实训车辆、设备等； (4) 安全操作，禁止明火； (5) 注意劳动保护。 2. 操作注意事项： (1) 正确使用工具； (2) 操作必须在老师的指导下进行； (3) 严格按要求进行拆卸项目作业； (4) 对减振器的拆卸要使用专用工具； (5) 使用减振器拆装工具操作时必须要老师指导； (6) 安装减振器时要所有螺栓固定后才能取下拆装工具
工作步骤	1. 拆卸后车轮； 2. 拆卸后减振器与后桥的连接螺栓； 3. 拆卸后置物板； 4. 通过后减振器专用工具拆卸上部固定螺帽； 5. 取出减振器总成； 6. 使用减振器专用工具分解减振器； 7. 检查减振器是否漏油； 8. 检查减振器阻尼力大小

教师对学生进行分组，每组选出一个小组长，小组长根据小组成员任务分工不同，确定不同任务的责任人。小组成员任务的划分可以参考下面的小组任务分配表，如表 2－37 所示。

表 2－37　小组任务分配表

	小组任务	个人职责（任务）	小组成员
1	任务前期准备工作	准备该任务的设备、工具、耗材	
2	安全检查	主要负责工具设备使用情况和操作工作的安全监督	
3	拆卸后减振器总成	负责从车辆上拆卸后减振器总成	
4	分解后减振器	负责将减振器总成分解操作	
5	检查后减振器	负责检查维修后减振器	
6	竣工检查工作	检查所有的设备器材是否齐全	

实训中如果没有该车型，可以参考大众桑塔纳后减振器拆卸、检修方案，并查阅该车型的维修手册，制定出该车型后减振器拆卸、检修方案，如表 2－38 所示。

表 2－38　后减振器拆卸、检修方案表

	________乘用车后减振器拆卸、检修方案	
车辆信息描述	车辆描述	
	故障现象	
设备/工具/耗材		
安全要求及注意事项		
工作步骤		

三、实施

依据制定的方案实施，填写项目单，如表 2－39 和表 2－40 所示。

表 2－39　实训结果项目表(1)

根据实际操作填写分解减振器总成步骤			
	项目	工具	零部件
1			
2			
3			
4			
5			
6			

表 2－40　实训结果项目表(2)

	零部件	检查结果	处理方法
1	减振器		
2	缓冲块		
3	波纹管		
4	减振弹簧		

四、作业

1. 通过实训后完善本项目的实施方案。

2. 思考：减振器的阻尼力与弹性元件在减振过程中的作用。

五、知识拓展

减振器弹性元件主要有：钢板弹簧，螺旋弹簧，扭杆弹簧，橡胶弹簧，空气弹簧等，如图 2－56 所示。

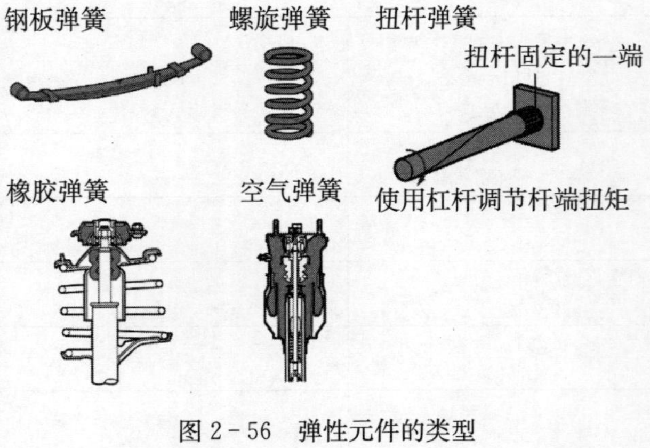

图 2－56　弹性元件的类型

钢板弹簧把车桥连接到底盘上，多用在轻型货车、运动型多功能车(SUV)、厢式客货车和一些客车上。它们具有很好的承载能力。钢板弹簧是由若干片长度不同、宽度相等、厚度可以相等也可以不相等的弹簧钢板叠成。多片钢板弹簧是用多块弹簧钢片叠合在一起，形成一个弓形结构，最长的一片称为主钢片，如图 2－57 所示。

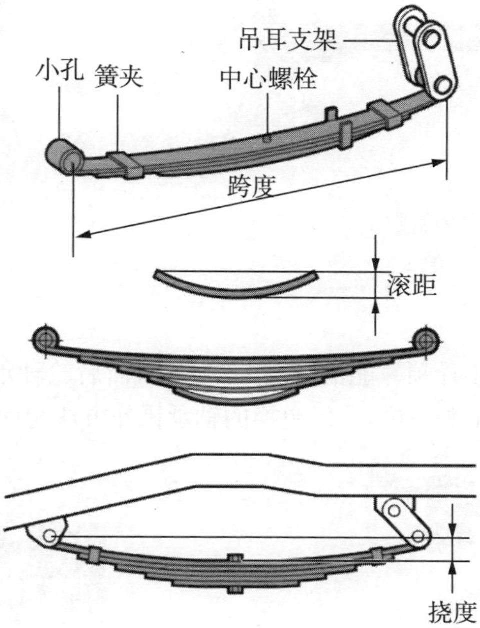

图 2－57　钢板弹簧的结构

钢板弹簧特性：

(1) 弹簧本身有足够的刚度可以将轮轴保持在正确的位置，因此没有必要使用导向装置(横向推力杆和纵向推力杆)，因此结构简单；

(2) 弹簧片间的摩擦能吸收一定的振动能量，控制自身的振荡；

(3) 对重载用途的车辆有足够的耐用性；

(4) 由于弹簧片间的摩擦，吸收来自路面的微小振动比较困难。因此，钢板弹簧一般用于大型商用车辆以及载重量大和耐用性要求高的车辆。

项目 2　拆卸、检修后桥

一、知识链接

1. 后桥

汽车后桥是指汽车后面那根桥，在乘用车上通常被人称为后悬架的副车架，如图2－58 所示。

2. 后轮轴承

后轮轴承又叫圆锥滚子轴承，如图 2－59 所示。

图 2-58 后桥总成

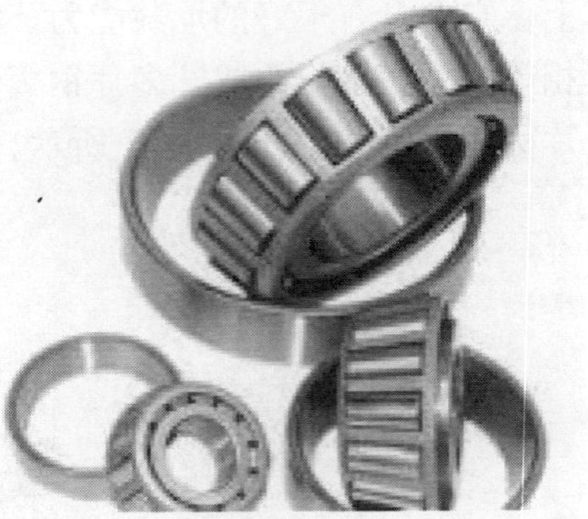

图 2-59 后轮轴承

3. 拆卸工具

后桥的拆卸需要借助立式千斤顶才能比较安全的取下，而后轮轴承的拆卸需要根据车型，部分车型的后轮轴承只能更换后轮分轴头总成，可以更换的轴承操作方法与前轮轴承类似，如图 2-60 所示。

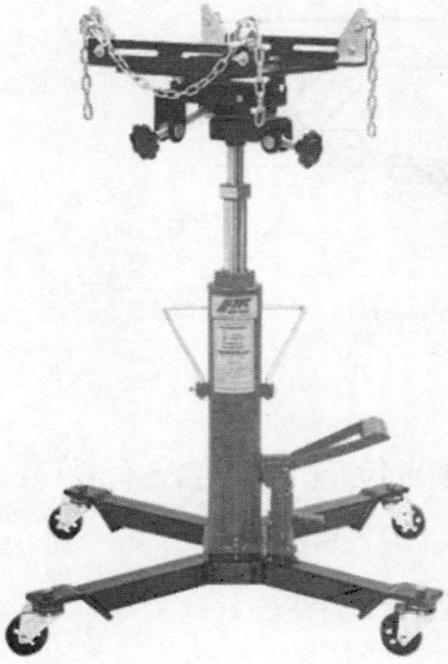

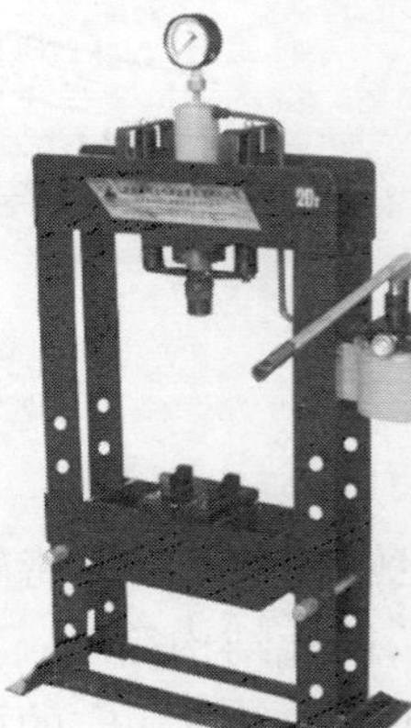

图 2-60 千斤顶与轴承压力机

4. 检查后轮支撑短轴

测量短轴上三个位置，比较每次测得的读数，不得超过 0.25 mm，否则应更换短轴，如图 2-61 所示。

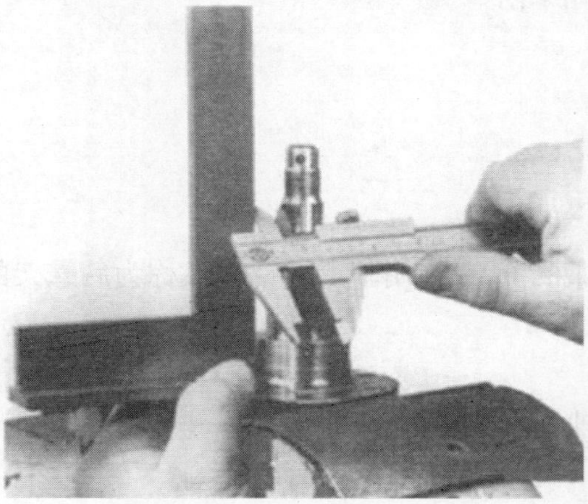

图 2-61 测量短轴

二、制定方案

根据情境导入中的案例，需要对后桥进行拆卸、检修。教师在组织教学的过程中，根据后桥的拆卸、检修方案，带领学生拆卸、检修后桥，以便熟练掌握拆卸、检修后桥的方法，如表 2 - 41 所示。

表 2 - 41　大众桑塔纳后桥拆卸、检修方案表

	大众桑塔纳后桥拆卸、检修方案	
车辆信息描述	车辆描述	大众桑塔纳 1.8 L，行驶里程 23 000 km，出厂时间：2007 年 7 月
	故障现象	车辆在高速公路上发生事故，导致车辆右前侧和左后受损严重；现车辆进站维修，发现除需要做钣金油漆外，维修人员还需要检查底盘确定需要更换与维修的零部件，并进行车辆维修
设备/工具/耗材	设备：大众桑塔纳乘用车，后悬架台架，举升机，立式千斤顶，轴承压力机； 工具：套筒工具，开口扳手，直尺，游标卡尺，棘轮扳手； 耗材：润滑脂	
安全要求及注意事项	1. 安全要求： (1) 严格按照维修手册要求的流程进行操作； (2) 对特殊零部件的拆卸要使用专用工具； (3) 听从老师管理，禁止随意操作实训车辆、设备等； (4) 安全操作，禁止明火； (5) 注意劳动保护。 2. 操作注意事项： (1) 正确使用轴承压力机； (2) 拆卸操作必须在老师的指导下进行； (3) 严格根据安全要求进行拆卸项目作业； (4) 拆卸后桥时需要多人配合； (5) 使用千斤顶时注意自我安全保护； (6) 使用轴承压力机时注意不要损坏轴承	
工作步骤	1. 拆卸左右后减振器； 2. 拆卸 ABS 传感器； 3. 拆卸制动器油管； 4. 拆卸手制动拉线； 5. 通过立式举升机托举后桥； 6. 拆卸后桥固定螺栓； 7. 拆卸后桥； 8. 检查是否有故障	

教师对学生进行分组，每组选出一个小组长，小组长根据小组成员任务分工不同，确定不同任务的责任人。小组成员任务的划分可以参考下面的小组任务分配表，如表 2 - 42 所示。

表 2 - 42　小组任务分配表

	小组任务	个人职责(任务)	小组成员
1	任务前期准备工作	准备该任务的设备、工具、耗材	
2	安全检查	主要负责工具设备使用情况和操作工作的安全监督	

（续表）

	小组任务	个人职责（任务）	小组成员
3	拆卸后桥	负责后桥拆卸	
4	检修后桥	负责后桥外观及轴承检查	
5	更换后轮轴承	负责后轮轴承的更换	
6	竣工检查工作	检查所有的设备器材是否齐全	

实训中如果没有该车型，可以参考大众桑塔纳后桥拆卸、检修方案，并查阅该车型的维修手册，制定出该车型后桥拆卸、检修方案，如表 2－43 所示。

表 2－43　后桥拆卸、检修方案表

	________乘用车后桥拆卸、检修方案	
车辆信息描述	车辆描述	
	故障现象	
设备/工具/耗材		
安全要求及注意事项		
工作步骤		

三、实施

依据制定的方案实施，填写项目单，如表 2 - 44 所示。

表 2 - 44　实训结果项目表

	零部件	检查结果	处理方法
1	左后轮短轴		
2	右后轮短轴		
3	左后轮轴承		
4	右后轮轴承		
5	金属衬套 1		
6	金属衬套 2		

四、作业

1. 通过实训后完善本项目的实施方案。

2. 大众桑塔纳后桥为整体式车桥，那么请举例断开式车桥的车型。

五、知识拓展

如果前桥不是驱动桥，那么后桥就是驱动桥，这时候驱动桥除了承载作用外还起到驱动和减速甚至还有差速的作用，如果是四轮驱动的，一般在后桥前面还配有一个分动器。

前桥后桥就是指前后轮轴的部分，前桥包括避振弹簧，转向器，平衡轴等，后桥还包括驱动轴，传动齿轮等。多轴货车后部还分驱动后桥和无驱后桥，无驱后桥就是没有传动轴连接，不属于驱动轮的部分，一般是 3 轴以上的重卡和牵引车头才有。

项目 3　安装后悬架

一、知识链接

1. 后悬架的组成

汽车后悬架形式是车架（或承载式车身）与车桥（或车轮）之间的一切传力连接装置的总称，是影响汽车舒适型的重要参数之一。汽车悬架包括弹性元件、减振器和传力装置等三部分。

2. 后悬架的非独立悬架

非独立悬架系统的结构特点是两侧车轮由一根整体式车架相连，车轮连同车桥一起通过弹性悬架系统悬架在车架或车身的下面。非独立悬架系统具有结构简单、成本低、强度高、保养容易、行车中前轮定位变化小的优点，但由于其舒适性及操纵稳定性都相对较差，在现代乘用车中只有成本控制比较严格的车型才会使用，更多的用于货车和大客车上。

非独立悬架系统的优点：

(1) 左右轮在弹跳时会相互牵连，轮胎角度的变化量小使轮胎的磨耗小；

(2) 在车身高度降低时还不容易改变车轮的角度，使操控的感觉保持一致；

(3) 构造简单，制造成本低，容易维修；

(4) 占用的空间较小，可降低车底板的高度。

非独立悬架系统的缺点：

(1) 左右轮在弹跳时，会相互牵连，而降低乘坐的舒适性及操控的安定性；

(2) 因构造简单使设计的自由度小，操控的安定性较差。

3. 后悬架总成装配

后悬架总成如图 2－62 所示。

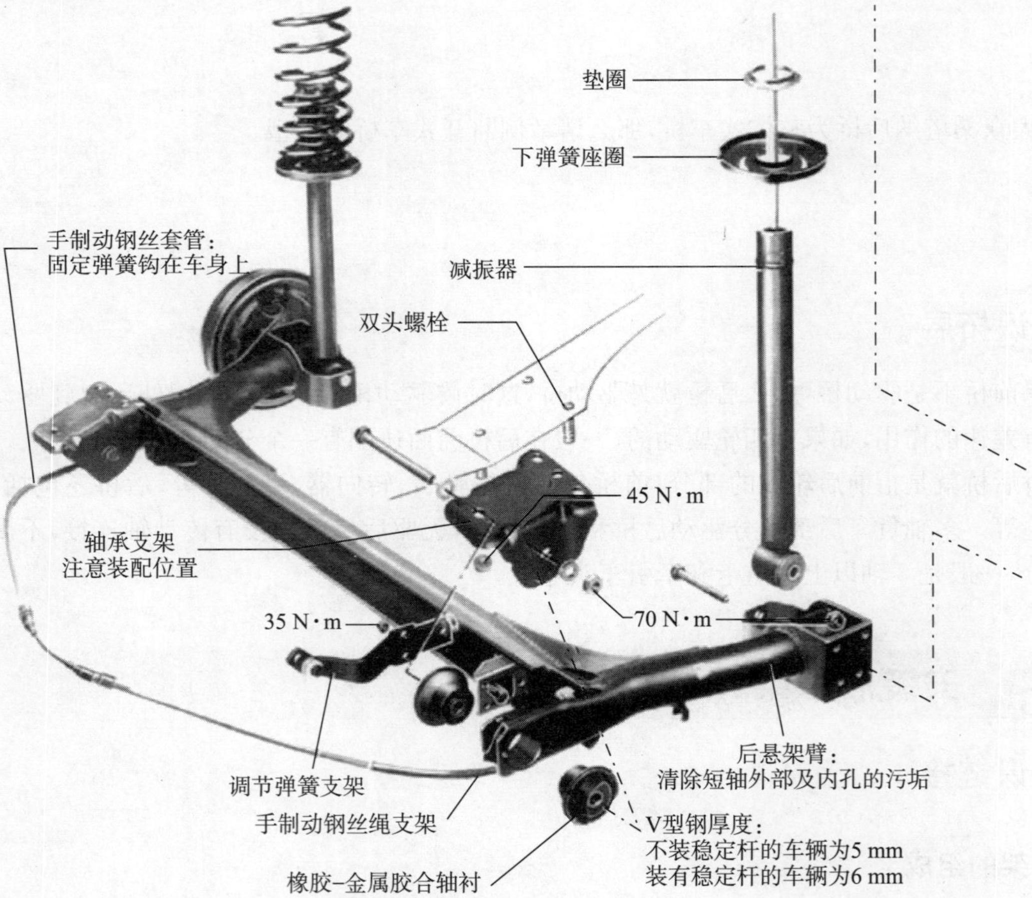

图 2－62　后悬架总成图

二、制定方案

根据情境导入中的案例，需要对后悬架进行安装。教师在组织教学的过程中，根据后悬架的安装方案，带领学生安装后悬架，以便熟练掌握安装后悬架的方法，如表 2 - 45 所示。

表 2 - 45 大众桑塔纳后悬架安装方案表

	大众桑塔纳后悬架安装方案	
车辆信息描述	车辆描述	大众桑塔纳 1.8 L，行驶里程 23 000 km，出厂时间：2007 年 7 月
	故障现象	车辆在高速公路上发生事故，导致车辆右前侧和左后受损严重；现车辆进站维修，发现除需要做钣金油漆外，维修人员还需要检查底盘确定需要更换与维修的零部件，并进行车辆维修
设备/工具/耗材	设备：大众桑塔纳乘用车，举升机，立式举升机； 工具：开口扳手，棘轮扳手，扭力扳手，后减振器安装工具，鲤鱼钳等； 耗材：铁丝	
安全要求及注意事项	1. 安全要求： (1) 严格按照维修手册要求的流程进行操作； (2) 对特殊零部件的安装要使用专用工具； (3) 听从老师管理，禁止随意操作实训车辆、设备等； (4) 安全操作，禁止明火； (5) 注意劳动保护。 2. 操作注意事项： (1) 正确使用工具； (2) 操作必须在老师的指导下进行； (3) 各螺栓力矩应符合要求； (4) 专用工具使用操作需要老师现场指导	
工作步骤	1. 安装 2 个后减振器总成； 2. 将 2 个后减振器安装与车身上； 3. 安装后桥(轴承、制动器)； 4. 用立式举升机举升后桥； 5. 安装后桥固定螺栓； 6. 安装后桥附件(油管、拉线等)	

教师对学生进行分组，每组选出一个小组长，小组长根据小组成员任务分工不同，确定不同任务的责任人。小组成员任务的划分可以参考下面的小组任务分配表，如表 2 - 46 所示。

表 2 - 46 小组任务分配表

	小组任务	个人职责(任务)	小组成员
1	任务前期准备工作	准备该任务的设备、工具、耗材	
2	安全检查	主要负责工具设备使用情况和操作工作的安全监督	
3	安装后减振器	负责后减振器总成的装配	
4	安装后桥总成	负责后桥安装	
5	装配悬架总成	负责将减振器和后桥安装到车身	
6	竣工检查工作	检查所有的设备器材是否齐全	

实训中如果没有该车型，可以参考大众桑塔纳后悬架安装方案，并查阅该车型的维修手册，制定出该车型后悬架安装方案，如表 2－47 所示。

表 2－47　后悬架安装方案表

	______乘用车后悬架安装方案	
车辆信息描述	车辆描述	
	故障现象	
设备/工具/耗材		
安全要求及注意事项		
工作步骤		

三、实施

依据制定的方案实施，并填写项目单，如表 2－48 所示。

表 2－48　实训结果项目表

	部件总成	螺栓数量	力矩
1	减振器固定螺栓		
2	后桥固定螺栓		

四、作业

1. 通过实训后完善本项目的实施方案。

2. 课后查找资料，举例乘用车后悬架采用的独立悬架和非独立悬架的车型。

检查与评估

1. 学生自我检查

学生通过对任务3的学习，独立结合实训车辆填写学习情况检查表(表2-49)，以检测自己对任务3学习的掌握情况。

表2-49　学习情况检查表

	后悬架	
部件名称	检查项目	处理结果
后减振器		
后减振弹簧		
后减振器缓冲块		
后桥		
金属胶套		
后轮轴承		

2. 指导教师评估

指导老师在整个教学过程中，关注每个活动小组的工作过程以及小组成员的动手能力，并对小组成员动手能力进行考核，如表2-50所示。

表 2－50　指导教师评估表

	考核量化指标	分值(总分)	学生得分
1	能时刻注意保护操作部件安全	5	
2	能时刻注意自我的人身保护	5	
3	使用工具熟练程度	5	
4	能够积极完成本职工作	10	
5	能够熟练查询维修资料	10	
6	能够根据方案安装后减振器	15	
7	能够根据方案安装后桥	15	
8	能够根据方案安装后悬架	15	
9	能够完成实训结果项目表的填写	10	
10	能够完成学习情况检查表的填写	10	
总计			

任务 4　检查与调整车轮定位参数

任务描述

一、学习目标

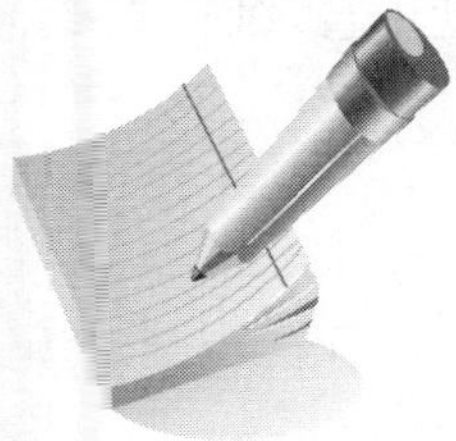

1. 能够安装四轮定位仪器；
2. 能够使用四轮定位仪器测量车轮定位参数；
3. 能够通过四轮定位仪器调整参数

二、学习内容

1. 车轮定位仪器安装方法；
2. 车轮定位仪器的使用方法；
3. 车轮定位参数的调整方法

项目 1　检测车轮定位参数

一、知识链接

1. 底盘

底盘由转向系统、行驶系统、传动系统和制动系统组成，如图 2 - 63 所示。

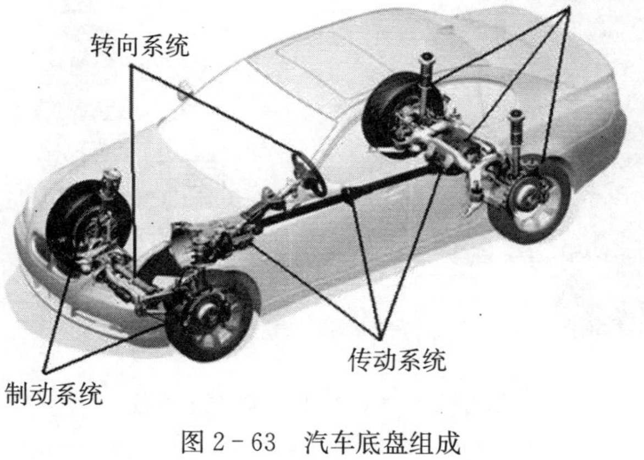

图 2 - 63　汽车底盘组成

汽车底盘的作用是支承、安装汽车发动机及其各部件、总成，形成汽车的整体造型，并接受发动机的动力，使汽车产生运动，保证正常行驶。

2. 车辆四轮定位

四轮定位是以车辆的四轮参数为依据，通过调整以确保车辆良好的行驶性能并具备一定的可靠性。而四轮定位仪是测量车辆底盘参数的一种精确电子仪器，工作人员将测量得出的数据与原厂数据进行对比分析，通过四轮定位仪对车辆底盘部件进行调整、整形、修复、更换，从而达到原产要求。通过车辆四轮定位可增加行驶安全；减少轮胎磨损；保持直行时转向盘正直，维持直线行车；转向后转向盘自动归正；增加驾驶控制感；减少燃烧消耗；减低悬架部件耗损。

3. 车轮定位的条件

车轮定位的条件如表 2 - 51 所示。

表 2 - 51　车轮定位条件

A	更换轮胎	G	转向不稳
B	事故维修后	H	转向时车身抖动
C	更换相关底盘零件	I	转向不正
D	车辆行驶跑偏	J	车身侧滑
E	轮胎吃胎	K	转向后不自动复位
F	转向重		

4. 定位仪器的种类

定位仪器的种类有拉线定位仪（红外）、CCD 定位仪（蓝牙）、激光定位仪和 3D 影像定位仪等几种。定位仪如图2 -64 所示。

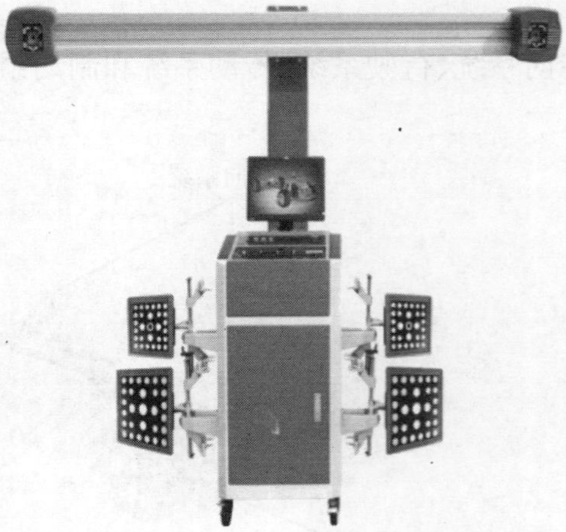

图 2 - 64　CCD 和 3D 影像定位仪

5. 定位仪器的组成

四轮定位仪主要由定位仪主机及必要的附件组成。定位仪主机包括：机箱(大机箱带后视镜)，电脑主机(含显示器、打印机)，四个机头(定位传感器)，通讯系统，充电系统以及总供电系统。

必要的附件包括：转向盘固定器，制动固定器，转角盘，夹具，如图2-65—图2-68所示。

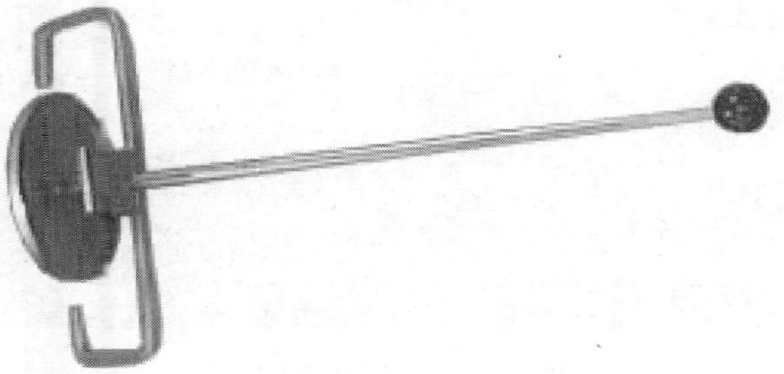

图2-65　转向盘固定器

图2-66　制动固定器

图2-67　转角盘

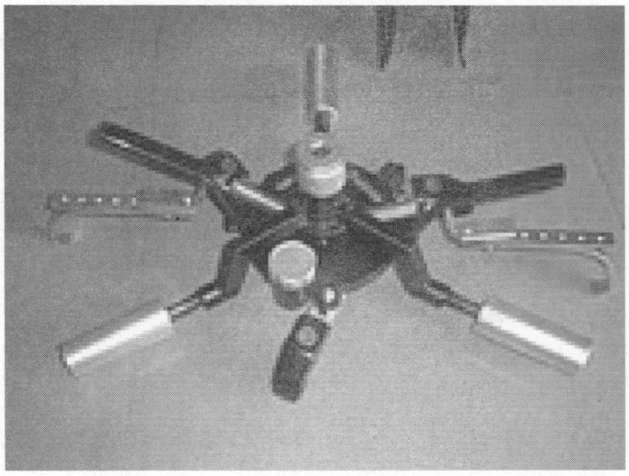

图2-68　夹具

6. 用卷尺检测前轮前束

(1) 测量两前轮前方的宽度，如图2-69所示。注意：卷尺不能弯曲、倾斜。

(2) 测量时，卷尺应紧贴轮胎的纵向沟槽，如图2-70所示。

图2-69　测量前轮前侧宽度

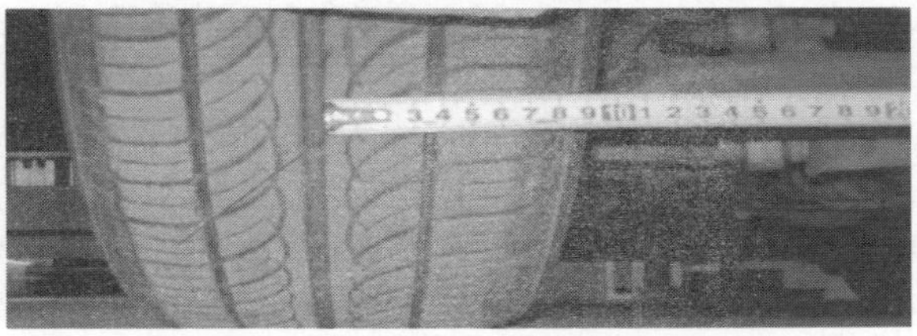

图2-70　测量前轮后侧宽度

(3) 读取数值为 1 504.5 mm,如图 2－71 所示。

(4) 测量两前轮后方的长度,方法同上。读取数值为 1 505.5 mm,则前束值为 1 mm,如图 2－72所示。

注意:两次测量位置应尽量相差 180°。

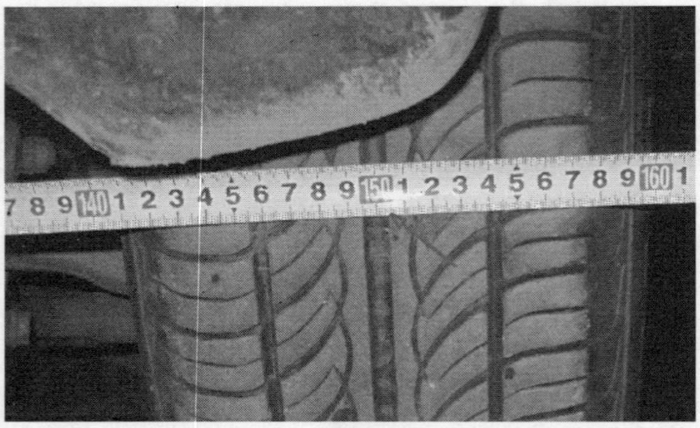

图 2－71　读取前侧数值

图 2－72　读取后侧数值

二、制定方案

根据情境导入中的案例,需要对车轮定位参数进行检测。教师在组织教学的过程中,根据车轮定位参数的检测方案,带领学生检测车轮定位参数,以便熟练掌握检测车轮定位参数的方法,如表 2－52所示。

表 2－52　大众桑塔纳车轮定位参数检测方案表

	大众桑塔纳车轮定位参数检测方案	
车辆信息描述	车辆描述	大众桑塔纳 1.8 L,行驶里程 23 000 km,出厂时间:2007 年 7 月
	故障现象	车辆在高速公路上发生事故,导致车辆右前侧和左后受损严重;现车辆进站维修,发现除需要做钣金油漆外,维修人员还需要检查底盘确定需要更换与维修的零部件,并进行车辆维修
设备/工具/耗材	设备:大众桑塔纳乘用车一辆,剪式或四柱举升机 1 台,四轮定位仪器一套; 工具:定位仪器辅助工具,翼子板布一套,三件套一套,卷尺,轮胎气压表	
安全要求及注意事项	1. 安全要求: (1) 注意人身和车辆设备安全,特别注意车辆举升及车下作业时的人身安全; (2) 未经许可,严禁随意扳动车辆和乱动电器按钮开关; (3) 注意防火,认真接受实训前的安全知识教育。 2. 操作注意事项: (1) 举升机的升降操作必须在老师的指导下进行; (2) 严格按技术规范、操作工艺要求进行定位传感器的安装作业; (3) 安装定位传感器夹具时注意不要划伤轮辋; (4) 在举升机下作业时,需按照安全流程操作; (5) 车辆未上四轮定位仪之前,转角盘的固定插销和后滑板的固定插销处于锁定状态; (6) 车辆的前轮应准确地停在举升机转角盘上,否则会影响测量结果	

（续表）

	大众桑塔纳车轮定位参数检测方案
工作步骤	1. 将车辆驶入举升机工位，摆正转向盘； 2. 拉上驻车制动器； 3. 做好车辆的防护措施； 4. 测量轮胎气压(记录轮胎尺寸)； 5. 打开四轮定位仪主机； 6. 填写车辆信息； 7. 安装定位传感器： (1) 根据轮辋尺寸调整传感器固定支架； (2) 在支架上安装轮辋防护套； (3) 将夹具固定在轮辋上，仪器顶尖对夹具中心孔； (4) 将有线定位传感器安装到支架上； (5) 调整传感器水平位置。 8. 根据电脑提示选择定位车型； 9. 根据提示进行车况检查： (1) 车轮悬架、车轮轴承、转向装置应完好无损，不能有间隙、变形等； (2) 同一车轴上轮胎花纹深度的最大允许偏差是 2 mm； (3) 车辆为空载，油箱需装满，备胎和随车工具配齐。 10. 车轮偏心补偿调整(轮圈补偿)： (1) 释放驻车制动； (2) 通过剪式内举升机举升车辆，使轮胎能够自由转动； (3) 根据仪器提示车轮与夹具同时转动，且每次操作都保证传感器水平位置； (4) 先顺时针 90°确认，然后逆时针 180°确认，再顺时针 90°确认，依次对四个车轮进行操作。 11. 拉上驻车制动； 12. 固定制动踏板(制动固定器安装)； 13. 取下前轮转盘固定销； 14. 前后摇晃车辆； 15. 根据电脑提示摆正转向盘； 16. 根据电脑提示进行转向测定； 17. 根据提示操作，结束后显示测量结果； 18. 打印车辆四轮定位参数； 19. 对比分析数据

教师对学生进行分组，每组选出一个小组长，小组长根据小组成员任务分工不同，确定不同任务的责任人。小组成员任务的划分可以参考下面的小组任务分配表，如表 2－53 所示。

表 2－53　小组任务分配表

	小组任务	个人职责(任务)	小组成员
1	任务前期准备工作	准备该任务的设备、工具、耗材	
2	安全检查	主要负责工具设备使用情况和操作工作的安全监督	
3	定位传感器安装	按照检测电脑提示安装定位传感器	
4	检测电脑操作	负责检测电脑流程操作	
5	辅助操作	负责车辆传感器调整等辅助操作	
6	对比分析数据	根据测定参数分析需要调整的位置	
7	竣工检查工作	检查所有的设备器材是否齐全	

实训中如果没有该车型，可以参考大众桑塔纳车轮定位参数检测方案，并查阅该车型的维修手册，制定出该车型车轮定位参数检测方案，如表 2 - 54 所示。

表 2 - 54　车轮定位参数检测方案表

	________乘用车车轮定位参数检测方案	
车辆信息描述	车辆描述	
	故障现象	
设备/工具/耗材		
安全要求及注意事项		
工作步骤		

三、实施

依据制定的方案实施，并填写项目单，如表 2 - 55 和表 2 - 56 所示。

表 2 - 55　实训结果项目表(1)

	检测项目	是否正常	简单描述
1	轮胎胎压		
2	轮辋及轮胎		
3	举升设备是否正常		
4	检测仪器是否正常		
5	传感器，夹具是否安装到位		

(续表)

	检测项目	是否正常	简单描述
6	转向盘是否正常		
7	手制动是否正常		
8	脚制动是否固定		
9	底盘部件是否正常		
10	是否有该车型数据		
11	仪器是否可以打印		
12	定位数据是否需要调整		

表 2-56 实训结果项目表(2)

	参数	前轮前束	前轮外倾角	主销后倾	后轮前束	后轮外倾角	轮胎气压	
1	原厂标准							
2	实车测得							

四、作业

1. 通过实训后完善本项目的实施方案。

2. 思考：轮胎尺寸不一致是否会影响车轮定位参数的准确性？

五、知识拓展

四轮定位可以间接检测出底盘部件损坏情况，前轮前束参数调整转向系统、车轮等部件；前轮外倾角、主后倾角、主销内倾角参数可以调整悬架以及减振器相关部件。同学们可以利用课余时间查找资料学习。

项目2　调整车轮定位参数

一、知识链接

1. 车辆车轮定位基本参数

车轮定位参数参考值如表2-57所示。

表2-57　车轮定位参数参考值

定位项目	参数范围	作用
车辆外倾	1°左右	掌握轮胎车身重量压力点
主销内倾	<8°	转向稳定性和车身重量着力点位置
主销后倾	2°～3°	转向盘的稳定和自动复位
前轮前束	0～12 mm	减小轮胎磨损及滚动阻力

2. 主要定位参数解析

1）车轮外倾

车轮外倾在过车轮轴线且垂直于车辆支承平面的平面内，车轮轴线与水平线之间所夹锐角。轮胎中心线与垂直线所成的角度，向外为正，向内为负。其角度的不同能改变轮胎与地面的接触点，直接影响轮胎的磨损状况。并改变了车重在车轴上的受力分布，避免轴承产生异常磨损。此外，外倾角的存在可用来抵消车身载重后，悬架系统机件变形所产生的角度变化。外倾角的存在也会影响车的行进方向，因此左右轮的外倾角必须相等，在受力互相平衡的情况下不致影响车辆的直线行驶，再与车轮前束配合，使车轮直线行驶并避免轮胎磨损不均。零外倾角指的是车轮和轮胎完全垂直于地面，此时轮胎的磨损最小。正外倾角使轮胎外胎面比里胎面磨损得要快；负外倾角的情况则正好相反。车轮外倾角如图2-73所示。

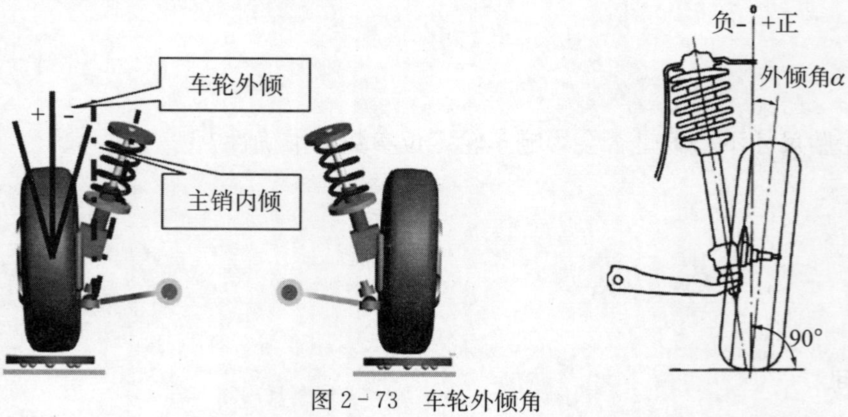

图2-73　车轮外倾角

2）车轮前束

同一轴两端车轮轮辋内侧轮廓线的水平直径的端点为等腰梯形的顶点，等腰梯形前后底边长度之差为前束。当梯形前底边小于后底边时，前束为正，反之则为负。车轮的水平直径与车辆纵向对称平面之间的夹角为前束角。由于车轮外倾及路面阻力使前轮有向两侧张开做滚锥运动的趋势但受车轴约束，不能向外滚动，导致车轮边滚边滑，增加了磨损，通过前束可使车轮在每瞬间的滚动方向都接近于正前方，减轻了轮毂外轴承的压力和轮胎的磨损。四轮定位仪测量车轮前束角的范围为±5°。车轮前束如图 2-74 所示。

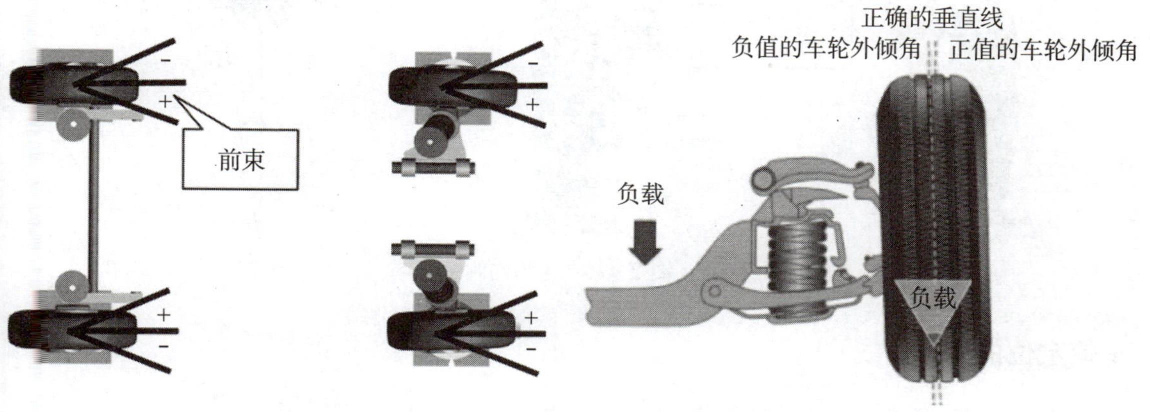

图 2-74　车轮前束

3）主销后倾

过车轮中心的铅垂线和真实或假想的转向主销轴线在车辆纵向对称平面的投影线所夹锐角为主销后倾角，向前为负，向后为正。主销后倾角的存在可使车轮转向轴线与路面的交点在轮胎接地点的前方，可利用路面对轮胎的阻力产生绕主销轴线的回正力矩，该力矩的方向正好与车轮偏转方向相反，使车辆保持直线行驶。后倾角越大，车辆的直线行驶性越好，转向后转向盘的回复性也越好，但主销后倾角过大会使转向变得沉重，驾驶人容易疲劳；主销后倾角过小，当汽车直线行驶时，容易发生前轮摆振，转向盘摇摆不定，转向后转向盘自动回正能力变弱，驾驶人会失去路感；当左右轮主销后倾角不等时，车辆直线行驶时会引起跑偏，驾驶人不敢放松转向盘，难于操纵或极易引起驾驶人疲劳。四轮定位仪测量主销后倾角的范围为±15°。主销后倾角如图 2-75 所示。

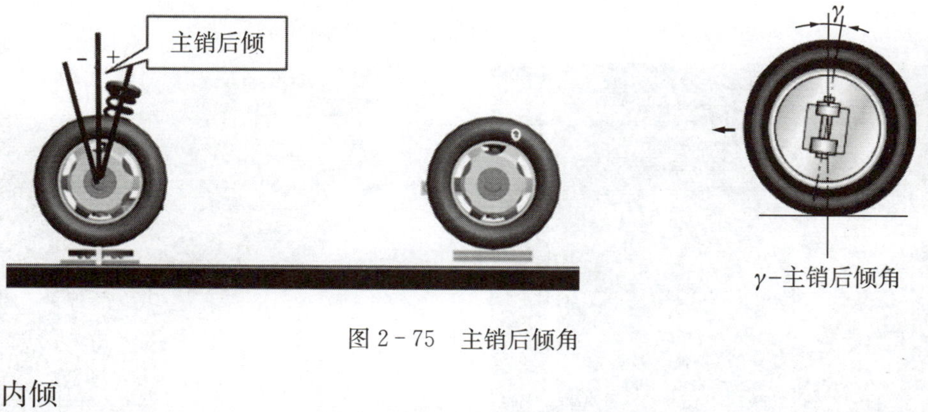

图 2-75　主销后倾角

4）主销内倾

在同时垂直于车辆纵向对称平面和车辆支承平面的平面内，由真实的或假想的转向主销的轴线在该平面上的投影与车辆支承平面的垂线所构成的锐角。主销内倾角的作用，是使车轮在受外力偏离直线行驶时，前轮会在重力作用下自动回正。另外，主销内倾角还可减少前轮传至转向机构上的冲击，并使转向轻便，但内倾角不宜过大，否则在转向时，会使轮胎磨损加快。主销内倾角越大前轮自动回正的作用就越强烈，但转向时也越费力，轮胎磨损增大；反之，角度越小前轮自动回正的作用就越弱。四轮定位仪测量主销内倾角的范围为±20°。主销内倾角如图 2-76 所示。

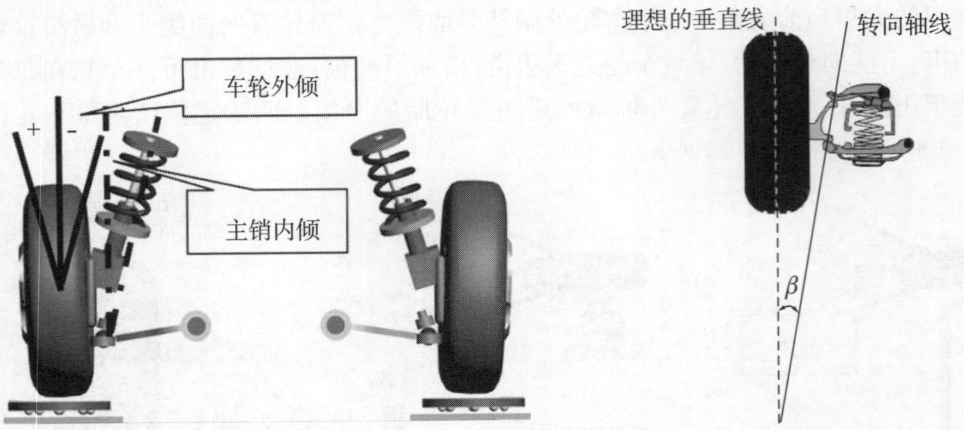

图 2-76　主销内倾角

3. 车轮定位的要求

(1) 车轮悬架、车轮轴承、转向装置应完好无损，不能有间隙、变形等；

图 2-77　前束调整位置

(2) 同一车轴上轮胎花纹深度的最大允许偏差是 2 mm；

(3) 车辆为空载，且油箱需装满且备胎和随车工具配齐；

(4) 轮胎气压符合厂家标准；

(5) 在测量过程中不允许活动转角盘。

4. 大众桑塔纳前轮前束和前轮外倾角调整位置

(1) 前轮前束调整转向横拉杆接头如图 2-77 所示。

(2) 前轮外倾角调整下控制臂如图 2-78 所示。

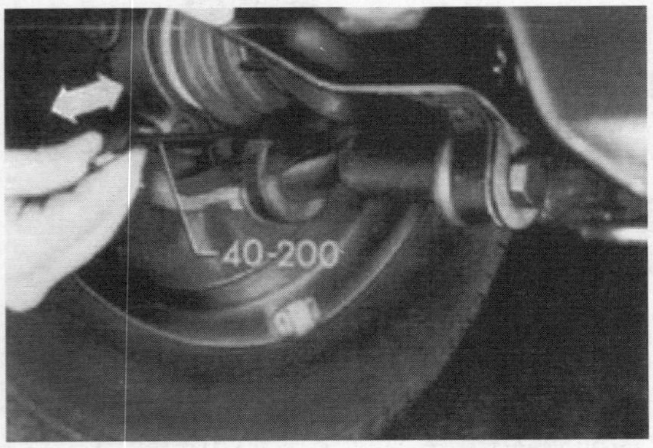

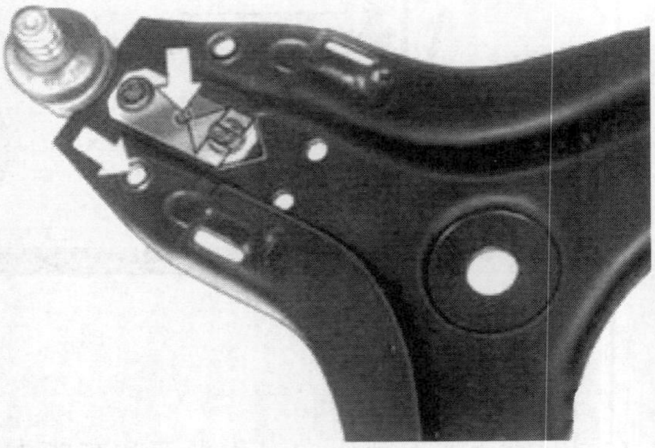

图 2-78　外倾角调整位置

二、制定方案

根据情境导入中的案例，需要对车轮定位参数进行调整。教师在组织教学的过程中，根据车轮定位参数的调整方案，带领学生调整车轮定位参数，以便熟练掌握调整车轮定位参数的方法，如表 2-58 所示。

表 2－58　大众桑塔纳车轮定位参数调整方案表

<table>
<tr><td></td><td colspan="2">大众桑塔纳车轮定位参数调整方案</td></tr>
<tr><td rowspan="2">车辆信息描述</td><td>车辆描述</td><td>大众桑塔纳 1.8 L，行驶里程 23 000 km，出厂时间：2007 年 7 月</td></tr>
<tr><td>故障现象</td><td>车辆在高速公路上发生事故，导致车辆右前侧和左后受损严重；现车辆进站维修，发现除需要做钣金油漆外，维修人员还需要检查底盘确定需要更换与维修的零部件，并进行车辆维修</td></tr>
<tr><td>设备/工具/耗材</td><td colspan="2">设备：大众桑塔纳乘用车一辆，剪式或四柱举升机 1 台，四轮定位仪器一套；
工具：开口扳手，气压表，深度规，四轮定位辅助工具，常用工具一套；
耗材：翼子板布一套，三件套一套</td></tr>
<tr><td>安全要求及注意事项</td><td colspan="2">1. 安全要求：
(1) 注意人身和车辆设备安全，特别注意车辆举升及车下作业时的人身安全；
(2) 未经许可，严禁随意扳动车辆和乱动电器按钮开关；
(3) 注意防火，认真接受实训前的安全知识教育；
(4) 在举升机下作业时，除操作人员外，其他人员不得进入。
2. 操作注意事项：
(1) 举升机的升降操作必须在老师的指导下进行；
(2) 严格按技术规范、操作工艺要求进行定位传感器的安装作业；
(3) 在调整底盘螺栓时，首先做好拆装前位置记号；
(4) 注意拧紧螺钉，螺母和螺栓顺序，有规定力矩要求的，必须使用扭力扳手扭紧；
(5) 在举升机下作业时，需按照安全流程操作</td></tr>
<tr><td>工作步骤</td><td colspan="2">1. 后轮外倾角调整（大众桑塔纳非独立悬架不可调，更换后桥或减振器），独立悬架车型有调整螺栓，调整查找该车型维修手册；
2. 后轮前束调整（大众桑塔纳非独立悬架不可调，更换后桥或减振器），独立悬架车型有调整螺栓，调整查找该车型维修手册；
3. 调整前轮外倾角：
(1) 将转向盘对正；
(2) 安装转向盘固定器固定；
(3) 调整外倾角螺栓；
(4) 数值正确紧固螺栓。
4. 调整前轮前束：调整前轮左右转向横拉杆球头螺栓；
5. 前轮主销后倾角和内倾角调整：不能调整只能更换前桥和减振器；
6. 试车检查</td></tr>
</table>

教师对学生进行分组，每组选出一个小组长，小组长根据小组成员任务分工不同，确定不同任务的责任人。小组成员任务的划分可以参考下面的小组任务分配表，如表 2－59 所示。

表 2－59　小组任务分配表

	小组任务	个人职责（任务）	小组成员
1	任务前期准备工作	准备该任务的设备、工具、耗材	
2	安全检查	主要负责工具设备使用情况和操作工作的安全监督	
3	前轮外倾角调整	负责参数调整	
4	前轮前束调整	负责参数调整	
5	仪器操作	负责定位检测仪器流程操作	
6	竣工检查工作	检查所有的设备器材是否齐全	

实训中如果没有该车型，可以参考大众桑塔纳车轮定位参数调整方案，并查阅该车型的维修手册，制定出该车型车轮定位参数调整方案，如表 2－60 所示。

表 2－60　车轮定位参数调整方案表

	________乘用车车轮定位参数调整方案	
车辆信息描述	车辆描述	
	故障现象	
设备/工具/耗材		
安全要求及注意事项		
工作步骤		

三、实施

依据制定的方案实施，并填写项目单，如表 2－61 所示。

表 2－61　实训结果项目表

前桥部件	是否定位调整		是否需要更换		后桥部件	是否定位调整	
	是	否	是	否		是	否
上部后控制臂					车轮		
上部前控制臂					减振器		
带液压衬套的导向臂					螺旋弹簧		
减振支柱					横向稳定杆		
下部控制臂					上控制臂		
支座					下控制臂		
车轮轴承壳体					车轮轴承壳体		
转向横拉杆					转向横拉杆		
转向机					副车架		
副车架					扭力梁总成		
横向稳定杆					横向稳定杆		

四、作业

1. 通过实训后完善本项目的实施方案。

2. 思考：大众桑塔纳后轮前束和外倾角为什么不能调整？

五、知识拓展

通常非独立悬架的后轮前束及后轮外倾角不可调，但它不是静态的，是随悬架的上下移动而变化的。车辆加载后悬架下沉会引起车轮外倾角变化。

前轮的主销内倾角和主销后倾角不管是独立悬架还是非独立悬架通常都是不能调整的，只能同更换相应的零件进行维修。

车轮前轮定位参数与行驶转向关系，如表 2－62 所示。

表 2－62　定位参数与行驶转向的关系

参数	回正	跑偏
主销后倾	太小容易导致车身不稳，转向后缺乏转向盘回正能力	左右后倾角不对称会导致跑偏，跑偏方向为后倾角较小的一侧
车轮外倾	正的外倾角作用下，悬架有向上抬离车轮的趋势，当车轮回到直线方向时，汽车的重量压在转向轴上，帮助车轮回正	左右外倾角不相等，转向盘会向正外倾角较大的一侧跑偏
主销内倾	内倾角大，回正方向能力强，但是转向费力	左右不相等，容易导致车辆倾斜，制动跑偏的现象发生
前束	过大或过小容易导致车轮磨损，阻力增加，操控性变差，影响车辆回正	左右前束不相等，导致车辆跑偏

检查与评估

1. 学生自我检查

学生通过对任务 4 的学习，独立结合实训车辆填写学习情况检查表(表 2－63)，以检测自己对任务 4 学习的掌握情况。

表 2-63　学习情况检查表

	根据实训操作，对下列工作步骤进行排序
螺母紧固	
前束调整	
驶入工位	
仪器安装	
底盘检查	
数值检测	
锁止制动	
数值复测	
外倾角调整	
轮圈补偿	
数据比对	

2. 指导教师评估

指导老师在整个教学过程中，关注每个活动小组的工作过程以及小组成员的动手能力，并对小组成员动手能力进行考核，如表 2-64 所示。

表 2-64　指导教师评估表

	考核量化指标	分值(总分)	学生得分
1	能时刻注意保护车辆安全	10	
2	能时刻注意自我的人身保护	10	
3	使用工具熟练程度	5	
4	能够积极完成本职工作	10	
5	能够熟练查询维修手册	5	
6	能够安装车轮定位仪器	10	
7	能够使用定位仪器检查定位参数	15	
8	能够使用定位仪器调整定位参数	15	
9	能够完成实训结果项目表的填写	10	
10	能够完成学习情况检查表的填写	10	
总计			

学习情境 3　制动系统检测与维修

学习目标

	1. 能够完成行车制动的拆装与检修； 2. 能够完成驻车制动的拆装与检修； 3. 能够完成制动液更换与制动踏板自由行程调整

情境导入

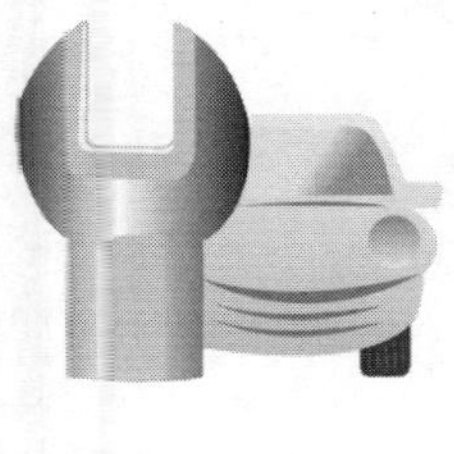	**车　　型：** 大众桑塔纳 1.8 L； **行驶里程：** 178 000 km； **出厂时间：** 2005 年 3 月。 **故障现象：** 　　车辆坡道停车时，拉紧驻车制动有溜坡现象。当时速达到 30 km/h 以上时，踩下制动踏板感觉硬，制动效果差且有严重制动跑偏现象

任务1 拆装与检修行车制动

任务描述

一、学习目标

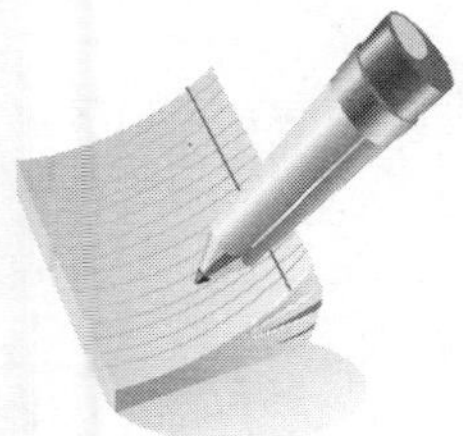

1. 能够完成制动器拆装与检修；
2. 能够完成制动转动装置的拆装与检修；
3. 能够完成制动液更换；
4. 能够完成制动踏板自由行程调整

二、学习内容

1. 大众桑塔纳制动器拆装与检修；
2. 大众桑塔纳制动传动装置拆装与检修；
3. 大众桑塔纳制动液更换；
4. 大众桑塔纳制动踏板自由行程调整

项目1 拆装、检修车轮制动器

一、知识链接

1. 行车制动系统

行车制动系统用于车辆的减速和停车，制动器安装在全部的车轮上，通过由驾驶人用脚操纵。其工作原理如图3-1所示。

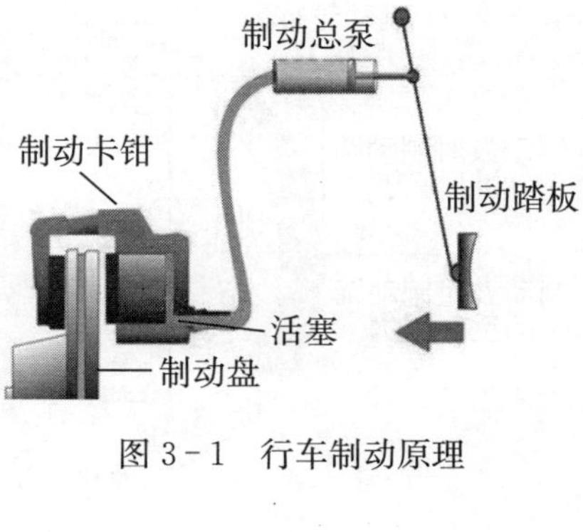

图3-1 行车制动原理

2. 浮钳盘式制动器

浮钳盘式制动器由制动盘、内外制动衬块、制动钳壳体、制动钳支架、前制动轮缸等组成，如图3-2所示。目前小型乘用车都采用该制动方式。

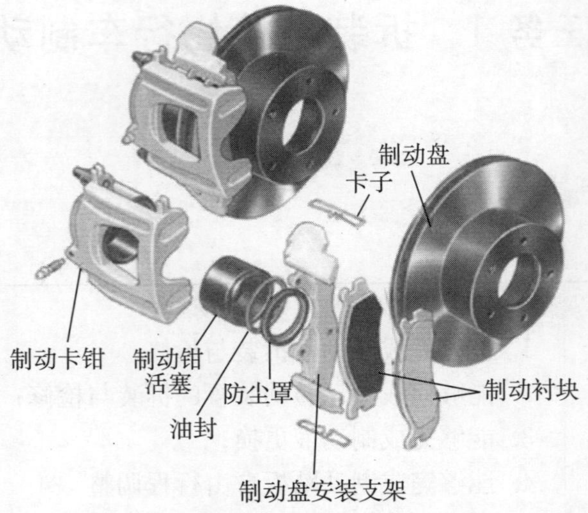

图 3-2　浮钳盘式制动器

3. 浮钳盘式制动器的特点

(1) 散热能力强，热稳定性好。受热后，制动盘只在径向膨胀，不会影响到制动间隙。

(2) 制动无助势和减势作用，所以制动力矩与汽车运动方向无关。

(3) 制动盘与摩擦片间隙小，便于自动调节间隙。

(4) 摩擦片容易检查、保养和更换。

(5) 受水浸后，在离心力的作用下会很快甩干，摩擦片上的剩水也容易挤出。

(6) 摩擦片暴露在空气中，防粉尘侵袭性差，制动块摩擦面积小，磨损较快。所以，要求定期对车辆检查，更换摩擦片。

4. 后轮制动器

大众桑塔纳的后轮制动器为简单的非平衡式蹄鼓制动器，带有驻车制动。脚制动是液压式传动，手制动为机械式传动。后轮制动器由底板、制动鼓、制动蹄、弹簧、制动分泵等组成，如鼓式制动器目前在小型汽车已经比较少见，通常都是和浮钳盘式制动器组合使用，前盘后鼓。鼓式制动器工作原理如图 3-3 所示。

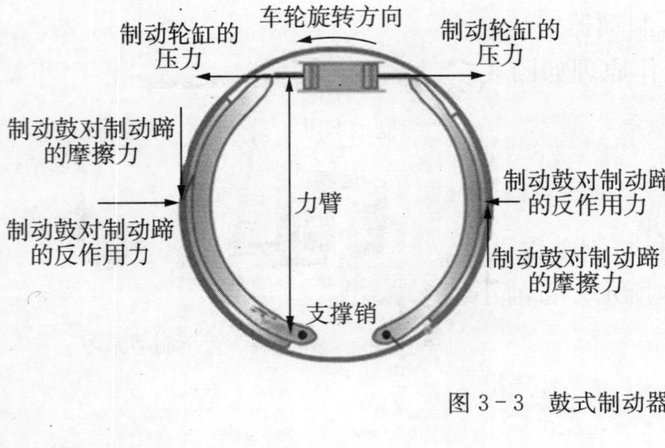

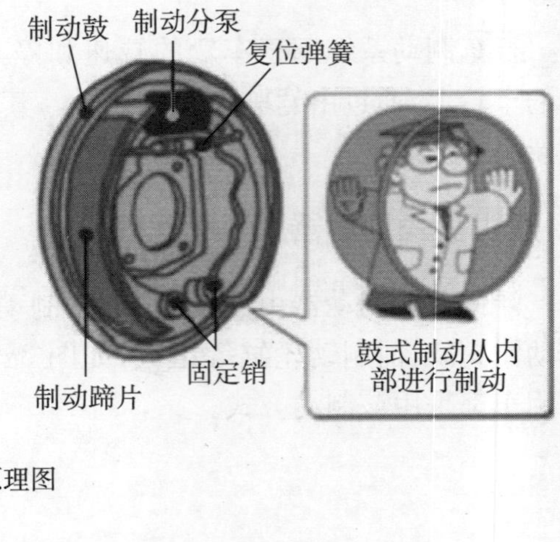

图 3-3　鼓式制动器原理图

5. 检测制动盘

方法：转动制动盘一圈，观察百分表长指针的摆动量，百分表指针的摆动量即为制动盘的端面跳动量，制动盘端面跳动量应不大于 0.06 mm，如跳动量超过 0.06 mm，应进行车削加工，如图 3－4 所示。制动盘的正常厚度为 20 mm，当制动盘磨损或制动盘经过车削加工后，厚度不能小于 17.8 mm，如果制动盘的磨损量超过标准，应更换制动盘，如图 3－5 所示。

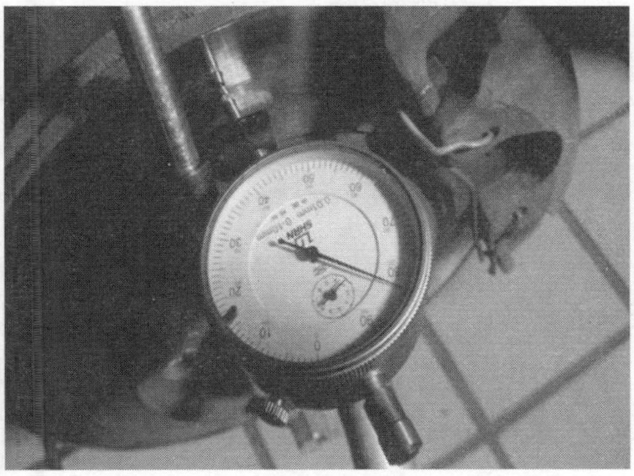

图 3－4　制动盘端面跳动量检测

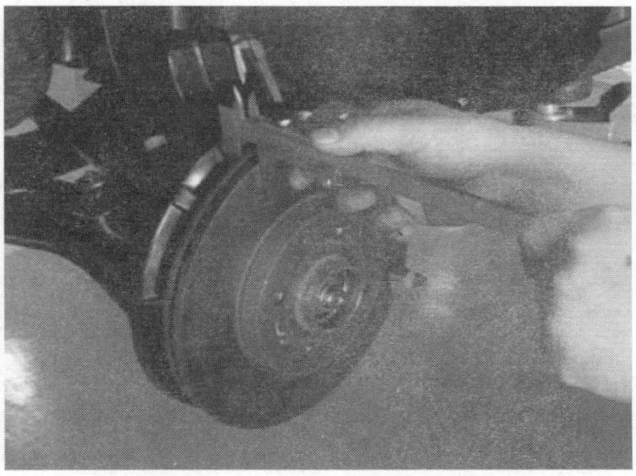

图 3－5　制动盘厚度检测

6. 检查制动摩擦片

盘式制动衬块厚度检查方法：使用游标卡尺测量，制动块摩擦片的厚度为 14 mm，使用极限为 7 mm，没有拆卸制动片的可以通过目测观察。

鼓式制动蹄片厚度检查方法：使用游标卡尺测量制动蹄片的厚度，标准值为 5 mm，使用极限为 2.5 mm。

7. 专用工具

活塞复位夹具如图 3－6 所示。

图 3－6　活塞复位夹具

二、制定方案

根据情境导入中的案例，需要对车轮制动器进行拆装、检修。教师在组织教学的过程中，根据车轮制动器的拆装、检修方案，带领学生拆装、检修车轮制动器，以便熟练掌握拆装、检修车轮制动器的方法，如表 3－1 所示。

表 3-1　大众桑塔纳车轮制动器拆装、检修方案表

<table>
<tr><td></td><td colspan="2">大众桑塔纳车轮制动器拆装、检修方案</td></tr>
<tr><td rowspan="2">车辆信息描述</td><td>车辆描述</td><td>大众桑塔纳 1.8 L，行驶里程 78 000 km，出厂时间：2005 年 3 月</td></tr>
<tr><td>故障现象</td><td>车辆坡道停车时，拉紧驻车制动有溜坡现象。当时速达到 30 km/h 以上时，踩下制动踏板感觉硬，制动效果差，且有严重跑偏现象</td></tr>
<tr><td>设备/工具/耗材</td><td colspan="2">设备：大众桑塔纳 1.8 L 乘用车一辆，制动系统台架，举升机，盘式和鼓式制动片零部件；
工具：百分表，游标卡尺，轮胎扳手，制动器拆装专用工具，常规套筒工具，扳手一套，虎钳，鲤鱼钳，内六角扳手；
耗材：手套，砂纸</td></tr>
<tr><td>安全要求及注意事项</td><td colspan="2">1. 安全要求：
(1) 严格按照维修手册要求的流程进行操作；
(2) 听从老师管理，禁止随意操作实训车辆、设备等；
(3) 安全操作，禁止明火；
(4) 使用举升机注意安全操作；
(5) 注意劳动保护。
2. 操作注意事项：
(1) 正确使用拆装和检测工具；
(2) 操作必须在老师的指导下进行；
(3) 拆卸时要放下驻车制动器手柄；
(4) 对制动器的拆卸要使用专用工具；
(5) 安装后轮制动分泵时不要导致皮碗破裂；
(6) 后轮制动器弹簧不能过量伸拉；
(7) 拆装制动器时，不能操作制动踏板</td></tr>
<tr><td>工作步骤</td><td colspan="2">1. 前轮制动拆检：
(1) 拆卸车轮；
(2) 拆卸 ABS 传感器；
(3) 拆卸前轮制动器固定卡环；
(4) 检查卡环是否正常；
(5) 拆卸制动钳固定螺母；
(6) 检查螺母是否滑牙；
(7) 取下制动钳；
(8) 检查制动分泵是否有漏油发卡的现象；
(9) 拆卸制动摩擦片；
(10) 检查制动摩擦片；
(11) 检查制动盘；
(12) 使用工具夹紧活塞复位；
(13) 更换制动摩擦片；
(14) 安装按照拆卸的反顺序进行。
2. 后轮制动拆检：
(1) 拆卸后轮车轮；
(2) 拆卸 ABS 传感器；
(3) 拆卸制动鼓；
(4) 检查制动鼓；
(5) 拆卸左右两侧弹簧锁销；
(6) 拆卸下侧复位弹簧；
(7) 拆卸自动调整锁销弹簧；
(8) 拉出自动调整锁销；
(9) 拆卸手制动拉线；
(10) 取出左右制动蹄片；
(11) 检查各弹簧张力；
(12) 检查蹄片厚度；
(13) 检查后制动分泵(制动缸)；
(14) 安装按照拆卸的反顺序进行</td></tr>
</table>

教师对学生进行分组，每组选出一个小组长，小组长根据小组成员任务分工不同，确定不同任务的责任人。小组成员任务的划分可以参考下面的小组任务分配表，如表 3－2 所示。

表 3－2　小组任务分配表

	小组任务	个人职责(任务)	小组成员
1	任务前期准备工作	准备该任务的设备、工具、耗材	
2	安全检查	主要负责工具设备使用情况和操作工作的安全监督	
3	拆装前轮制动器	负责拆装前轮制动器	
4	拆装后轮制动器	负责拆装后轮制动器	
5	检查后前轮制动器	负责前后轮制动器，制动蹄片等检查	
6	竣工检查工作	检查所有的设备器材是否齐全	

实训中如果没有该车型，可以参考大众桑塔纳车轮制动器拆装、检修方案，并查阅该车型的维修手册，制定出该车型车轮制动器拆装、检修方案，如表 3－3 所示。

表 3－3　车轮制动器拆装、检修方案表

	________乘用车车轮制动器拆装、检修方案	
车辆信息描述	车辆描述	
	故障现象	
设备/工具/耗材		
安全要求及注意事项		
工作步骤		

三、实施

依据制定的方案实施，并填写项目单，如表 3-4 和表 3-5 所示。

表 3-4　实训结果项目表(1)

	测量项目	标准值	测量值	处理意见
1	制动盘的端面跳动量/mm			
2	制动盘厚度/mm			
3	摩擦片厚度/mm			
4	制动蹄片厚度/mm			

表 3-5　实训结果项目表(2)

	检查项目	制动蹄片	制动分泵	制动盘/制动鼓	其他部件
1	前轮制动器	左前： 右前：	左前： 右前：	左前： 右前：	
2	后轮制动器	左后： 右后：	左前： 右前：	左前： 右前：	

四、作业

1. 通过实训后完善本项目的实施方案。

2. 查找资料分析鼓式制动器的优缺点。

五、知识拓展

制动盘有普通制动盘、中间通风制动盘、打孔制动盘和陶瓷打孔通风制动盘，如图 3－7—图 3－10所示。

图 3－7　普通制动盘

图 3－8　中间通风制动盘

图 3－9　打孔制动盘

图 3－10　陶瓷打孔通风制动盘

鼓式制动器与盘式制动器的优缺点，如表 3－6 所示。

表 3－6　鼓式制动与盘式制动的优缺点

	鼓式制动	盘式制动
优点	1. 在获得相同制动力矩的情况下，鼓式制动装置的制动鼓的直径可以比盘式制动的制动盘还要小很多； 2. 制造成本低廉	1. 盘式制动散热性较鼓式制动佳，在连续踩踏制动时比较不会造成制动衰退而使制动失灵的现象； 2. 制动盘在受热之后尺寸的改变并不使踩制动踏板的行程增加； 3. 盘式制动系统的反应快速，可做高频率的制动动作，因而较为符合 ABS 系统的需求； 4. 盘式制动没有鼓式制动的自动刹紧作用，因此左右车轮的制动力量比较平均； 5. 因制动盘的排水性较佳，可以降低因为水或泥沙造成制动不良的情形； 6. 与鼓式制动相比较下，盘式制动的构造简单，且容易维修

（续表）

	鼓式制动	盘式制动
缺点	1. 鼓式制动的制动鼓在受热后直径会增大，而造成踩下制动踏板的行程加大，容易发生制动反应不如预期的情况，因此在驾驶采用鼓式制动的车辆时，要尽量避免连续制动造成制动片因高温而产生热衰退现象； 2. 制动系统反应较慢，制动的踩踏力度较不易控制，不利于做高频率的制动动作	1. 因为没有鼓式制动的自动刹紧作用，使盘式制动的制动力较鼓式制动力低； 2. 盘式制动的制动片与制动盘之间的摩擦面积较鼓式制动的小，使制动的力量也比较小； 3. 为改善上述盘式制动的缺点，因此需较大的踩踏力量或是油压，因而必须使用直径较大的制动盘，或是提高制动系统的油压，以提高制动的力量； 4. 驻车制动装置不易安装，有些后轮使用盘式制动的车型为此而加设一组鼓式制动的驻车制动机构； 5. 制动片磨损较大，更换频率可能较高

项目 2　拆装、检修制动主缸和真空助力装置

一、知识链接

1. 制动传动装置

乘用车的行车制动系统通常都采用液压传动装置，主要由制动主缸（制动总泵）、液压管路、后轮鼓式制动器中的制动轮缸（制动分泵）及前轮钳盘式制动器中的液压缸等组成。制动主缸和真空助力装置如图 3－11 所示。

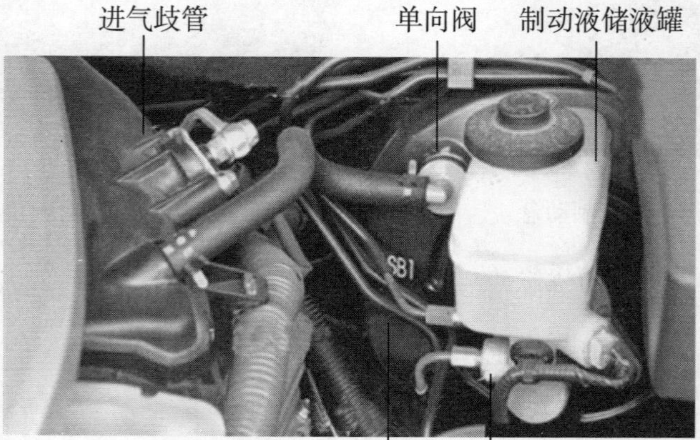

图 3－11　制动主缸位置图及真空助力

2. 制动主缸检修

制动主缸如图 3－12 所示。

检查方法：

（1）检查储液罐是否破损；

(2) 检查泵体外表面是否有划伤腐蚀；

(3) 检查皮碗、密封件是否有老化损坏和磨损。

图 3-12 制动主缸

3. 真空助力装置

工作原理：真空加力制动装置是在液压制动的基础上，加设一套以发动机工作时在进气歧管中形成的真空度为外加力源的真空加力装置。通过真空加力装置将发动机进气行程所产生的真空度转变为机械力作用在制动总泵上，以增加制动力，提高制动效能。同时，可减轻制动踏板操纵力。工作原理如图 3-13 所示。大众桑塔纳真空助力装置如图 3-14 所示。

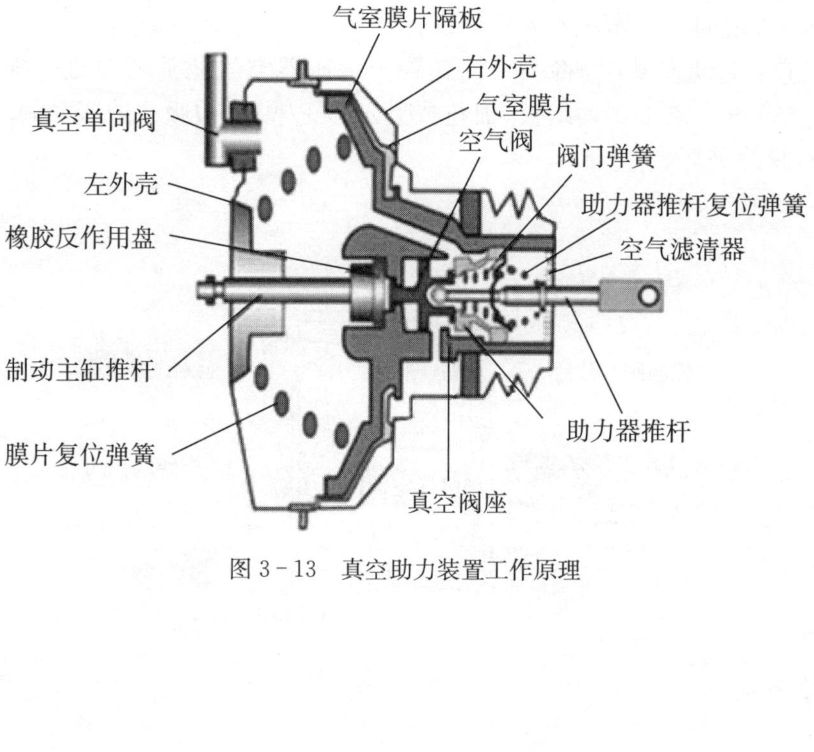

图 3-13 真空助力装置工作原理

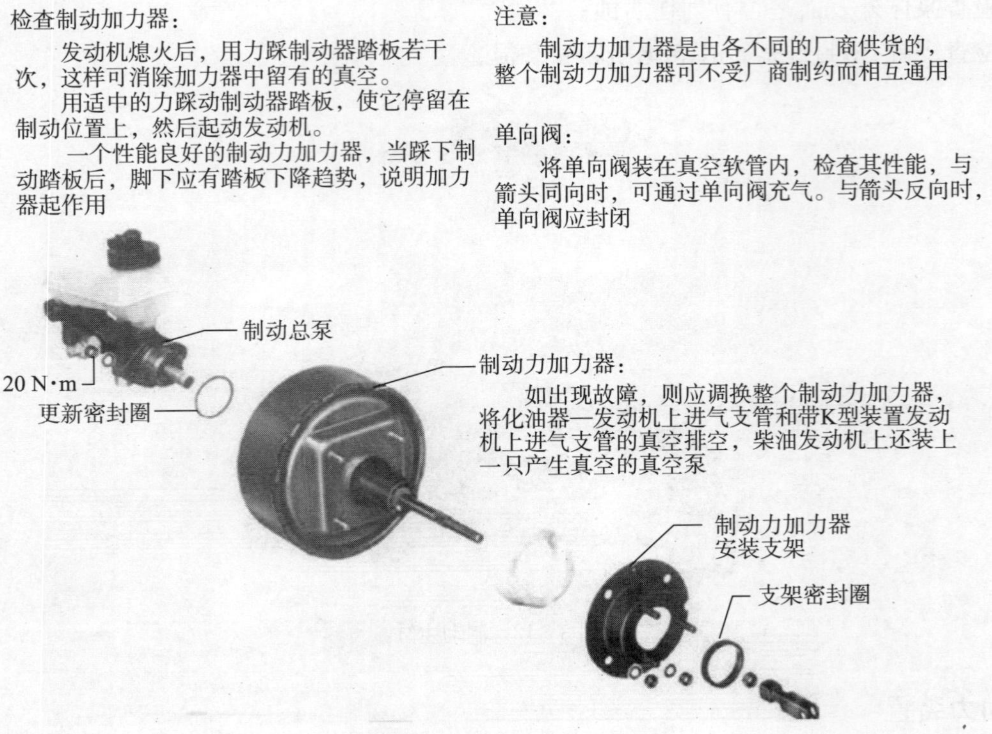

图 3-14　真空助力装置分解图

4. 真空增压器检查

真空增压的工作原理如图 3-15 所示。

(1) 制动踏板高度检查：起动发动机，怠速运转，踩下制动踏板，测出踏板与地板高度。熄火后连续几次踩下制动踏板，使真空度降为零，测量踩下的制动测踏板与地板高度。正常情况下，后者距离小于前者，若相等说明真空增压不起作用。

(2) 控制阀检查：起动发动机，将一团棉花置于增压器空气滤清器口处。棉花不被吸入为正常；吸入说明空气阀漏气。踏下制动踏板，棉花被吸入为正常；不被吸入或吸力过小，说明空气阀开度过小或者增压器膜片破坏。

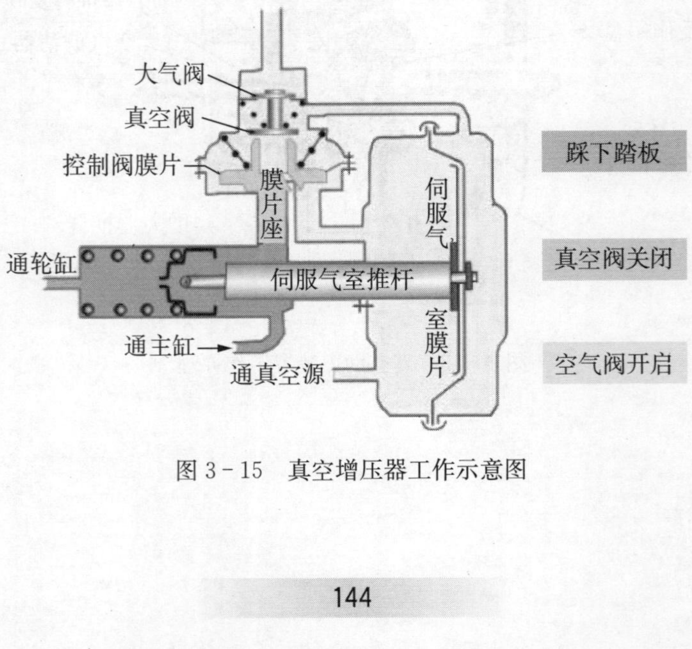

图 3-15　真空增压器工作示意图

5. 真空助力器检查

（1）连续踩下制动消除真空助力器中残余的真空度，用适当的力踩住制动踏板，并保持一定位置，然后起动发动机，使真空系统重新建立起真空，并观察踏板。踏板下降为正常；踏板不动，说明助力器或者真空单向阀损坏。

（2）通过真空表测量真空度。连接真空表，怠速运转 1 min，卡紧进气歧管相连的真空管路，发动机熄火观察真空度的变化，下降过快说明助力器膜片或者真空阀损坏。

二、制定方案

根据情境导入中的案例，需要对制动主缸和真空助力装置进行拆装、检修。教师在组织教学的过程中，根据制动主缸和真空助力装置的拆装、检修方案，带领学生拆装、检修制动主缸和真空助力装置，以更熟练掌握拆装、检修制动主缸和真空助力装置的方法，表 3－7 所示。

表 3－7　大众桑塔纳制动主缸和真空助力装置拆装、检修方案表

	大众桑塔纳制动主缸和真空助力装置拆装、检修方案	
车辆信息描述	车辆描述	大众桑塔纳 1.8 L，行驶里程 78 000 km，出厂时间：2005 年 3 月
	故障现象	车辆坡道停车时，拉紧驻车制动有溜坡现象。当时速达到 30 km/h 以上时，踩下制动踏板感觉硬，制动效果差，且有严重跑偏现象
设备/工具/耗材	设备：大众桑塔纳乘用车，真空助力器，制动总泵，举升机； 工具：扭力扳手，尖嘴钳，套筒扳手，一字螺丝刀，开口扳手，梅花扳手等； 耗材：放油软管，放油壶，抹布，铁丝	
安全要求及注意事项	1. 安全要求： （1）严格按照维修手册要求的流程进行操作； （2）对特殊零部件的拆解要使用专用工具； （3）听从老师管理，禁止随意操作实训车辆、设备等； （4）安全操作，禁止明火； （5）注意劳动保护。 2. 操作注意事项： （1）正确使用工具； （2）操作必须在老师的指导下进行； （3）严格按要求进行拆卸项目作业； （4）拆检时车辆必须熄火； （5）制动主缸和真空助力拆装需要保持清洁； （6）制动主缸检测时注意不要损坏皮碗； （7）真空助力器通常厂家不允许进行拆检维修	
工作步骤	1. 拆检真空助力器周边附件； 2. 拆检制动主缸油管； 3. 拆检真空管路； 4. 检查单向阀是否故障； 5. 拆检制动踏板支架； 6. 拆检制动开关以及线路； 7. 拆检真空助力器内外固定螺栓； 8. 取出真空助力器带制动主缸总成； 9. 拆检制动总泵； 10. 拆检助力器外罩； 11. 拆检内部构件； 12. 检查膜片、推杆等是否完好； 13. 安装按照拆卸的反顺序进行	

教师对学生进行分组，每组选出一个小组长，小组长根据小组成员任务分工不同，确定不同任务的责任人。小组成员任务的划分可以参考下面的小组任务分配表，如表 3-8 所示。

表 3-8 小组任务分配表

	小组任务	个人职责(任务)	小组成员
1	任务前期准备工作	准备该任务的设备、工具、耗材	
2	安全检查	主要负责工具设备使用情况和操作工作的安全监督	
3	拆检真空助力器外围部件	负责拆卸检查真空管路等外围部件	
4	拆检真空助力器带制动主缸	负责真空助力器及制动主缸的拆卸与检修	
5	安装真空助力器和制动主缸	负责拆卸部件的安装	
6	竣工检查工作	检查所有的设备器材是否齐全	

实训中如果没有该车型，可以参考大众桑塔纳制动主缸和真空助力装置拆装、检修方案，并查阅该车型的维修手册，制定出该车型制动主缸和真空助力装置拆装、检修方案，如表 3-9 所示。

表 3-9 制动主缸和真空助力装置拆装、检修方案表

<table>
<tr><td></td><td colspan="2">______乘用车制动主缸和真空助力装置拆装、检修方案</td></tr>
<tr><td rowspan="2">车辆信息描述</td><td>车辆描述</td><td></td></tr>
<tr><td>故障现象</td><td></td></tr>
<tr><td>设备/工具/耗材</td><td colspan="2"></td></tr>
<tr><td>安全要求及注意事项</td><td colspan="2"></td></tr>
<tr><td>工作步骤</td><td colspan="2"></td></tr>
</table>

三、实施

依据制定的方案实施，并填写项目单，如表 3－10 所示。

表 3－10　实训结果项目表

	零部件	检查结果	处理方法
1	制动储液罐		
2	单向阀		
3	助力器壳体		
4	空气阀		
5	助力器活塞		
6	阻尼垫		
7	膜片隔板		
8	复位弹簧		
9	总泵推杆		
10	制动总泵		

四、作业

1. 通过实训后完善本项目的实施方案。

2. 思考：真空管路中的单向阀损坏，制动系统会出现什么故障？

五、知识拓展

比例阀安装在制动总泵与后轮制动分泵之间，有些车型则安装在制动总泵上。比例阀通过接近理想地分配前、后轮制动器力，以获得良好的制动效果，缩短制动距离，防止紧急制动时出现后轮先于前轮抱死等现象，如图 3－16 所示。

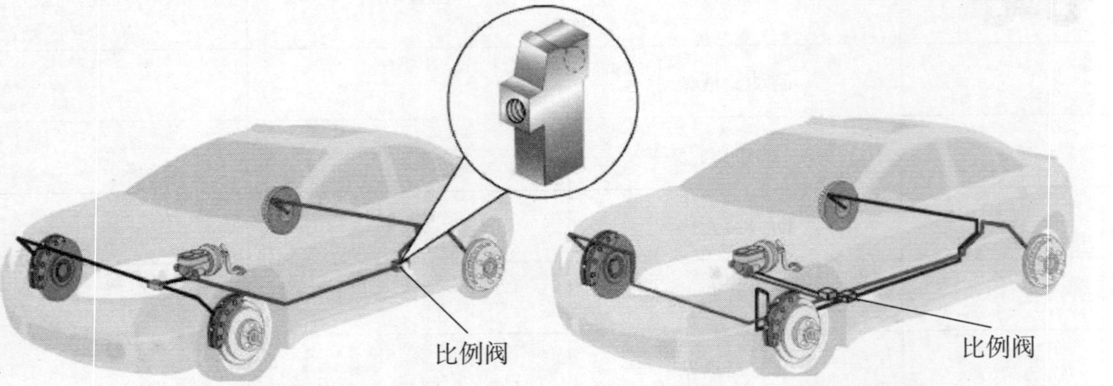

图 3－16　比例阀安装位置示意图

根据起始点是否能调节，比例阀可分为固定压力比例阀和载荷感应比例阀(感载比例阀)。

起始点不可调节的为固定比例阀。该比例阀是以固定比例分配前后制动液压，相对于感载比例阀来说，不能随制动强度来改变前后制动液比例，因此改善制动效果的程度就稍差一些。

在三功能组合阀中，其一端是一个计量阀，中间部位是一个压差阀，另外一端是个比例阀。两功能组合阀包括了差压阀(也称为制动警告开关)以及计量阀或者是比例阀。

项目 3　检测、更换制动液及调整制动踏板自由行程

一、知识链接

1. 制动液检测

目前乘用车液压制动系统通常采用 DOT 3，DOT 4，DOT 5 或者 HZY 3，HZY 4，HZY 5 等型号的制动液。判断制动液是否需要更换，可以通过观察制动液的颜色，制动液使用时间，车辆的行驶里程，以及通过检测仪检测制动液的含水量、冰点、沸点来判断，如表 3－11 所示。检测颜色含水量如图3－17 所示。

表 3－11　制动液检测表

制动液	使用时间	行驶里程	含水量	冰点	沸点	颜色
需要更换	1 年以上	40 000 km	$H_2O>3\%$	－40℃	205℃	浑浊

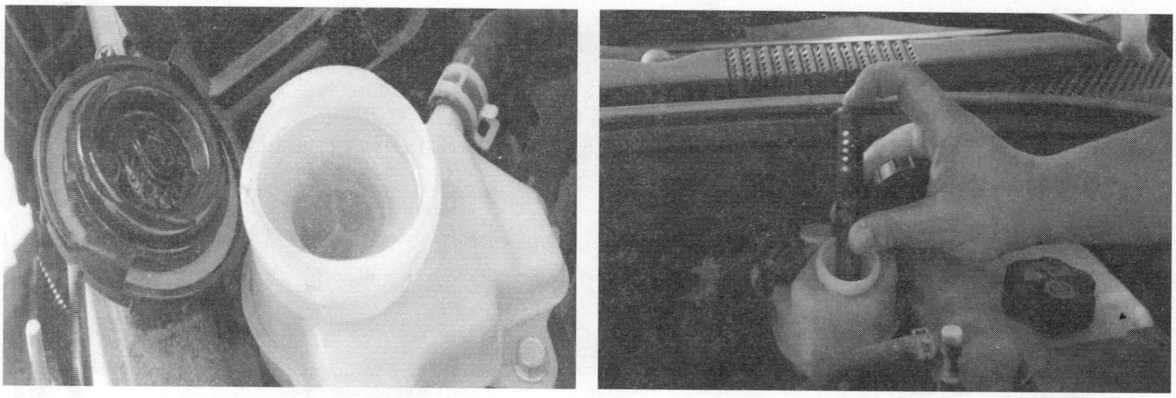

图 3-17　制动液颜色及检测含水量

技术参数：

绿色：电池 OK，即制动液中不含水。

绿色/黄色：制动液中含水量低于 1%，制动液性能好，可放心使用。

绿色/黄色/黄色：制动液中含水量约 2%，制动液可继续使用。

绿色/黄色/黄色/红色：制动液中含水量约 3%，建议更换制动液。

绿色/黄色/黄色/红色/红色：制动液中含水量至少 4%，需立刻更换制动液。

2. 更换制动液

根据各厂家规定制动液使用周期进行更换，通常两年左右更换一次。手动更换法：由两人配合，一人踩制动踏板，一人拧松制动分泵放气螺钉（放气顺序为右后、左后、右前、左前）。仪器更换法：将仪器连接后依次排放（放气顺序为右后、左后、右前、左前）。制动液更换机如图 3-18 所示。

3. 制动踏板自由行程

踩下制动踏板作用于制动器而形成的踏板距离称为制动踏板自由行程，如图 3-19 所示。自由行程过大容易导致制动力不足，自由行程过小容易导致制动卡滞。

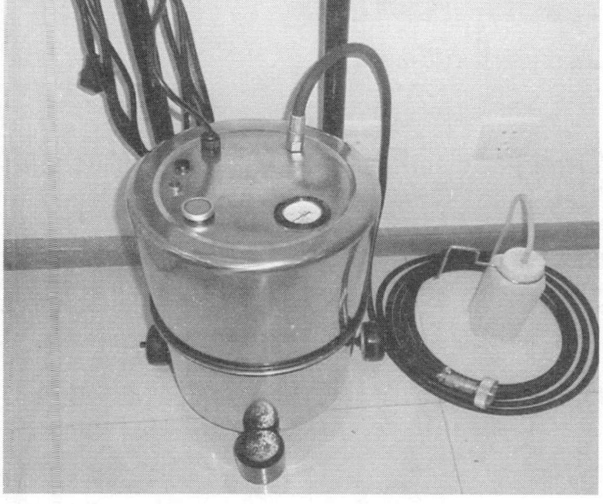

图 3-18　制动液更换机

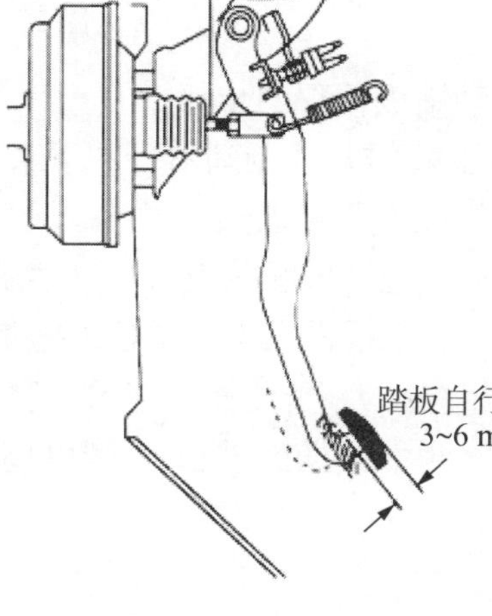

图 3-19　制动踏板自由行程

4. 制动踏板行程的检查

1）试车检查

车辆缓慢行驶中，慢慢踩下制动踏板，感觉形成制动力后踏板的行程，如图 3－20 所示。

不正常的行程　　正常的行程

图 3－20　踏板行程检查

2）测量检查

制动踏板行程的检查，就是测量制动踏板与地板之间距离的方法，如图 3－21 所示。因为测量制动踏板行程的方法是与具体的车辆有关的，应参看维修手册。

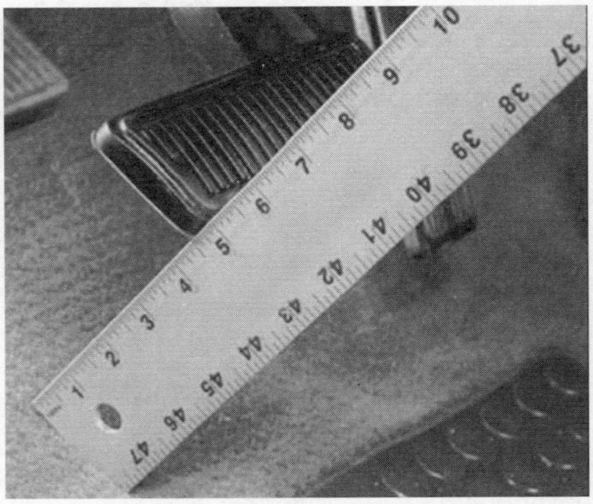

图 3－21　制动踏板行程检查方法

检查制动踏板行程的步骤：

(1) 关闭发动机，让制动器冷却下来，然后踩动踏板 2～3 次，排除助力器中残余的真空度，再安装一个踏板操纵力测量仪；

(2) 测量并记录未踩踏板时从制动踏板到地板之间的距离，如图 3－22 所示；

(3) 在安装踏板操纵力测量仪上施加大约 4.5 MPa 的压力，参看车辆维修手册的相关数据；

(4) 在相应压力下，测量并记录从制动踏板到地板之间的距离，如图 3－23 所示；

(5) 两次测量数据的差值，即为制动踏板行程，对比车辆维修手册上有关数据，必要时进行检修。

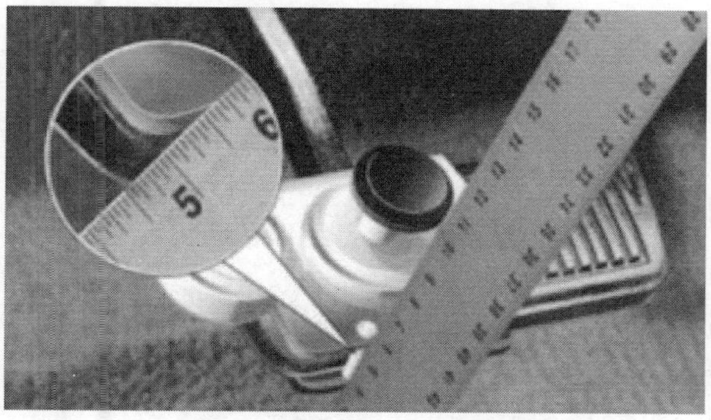

图 3-22　未踩下制动踏板时距离

图 3-23　踩下制动踏板时距离

5. 制动踏板行程故障的检修

影响制动踏板行程的因素有很多，例如，制动片或制动蹄片需要更换；助力器推压杆调节不当；制动踏板推压杆调节不当；制动液渗漏；液压系统中有空气、制动器间隙调整不当等。

1）制动片或制动蹄片过度磨损

制动踏板行程变大的一个主要原因是制动片或制动蹄片过度磨损。制动片或制动蹄片过度磨损，使之与制动盘或制动鼓之间的间隙增大，引起制动卡钳和制动分泵活塞的行程增加，使制动踏板的行程变大了。需要检查制动器来判断是否应该更换或调整。

2）助力器推压杆调节不当

如果在更换了制动助力器或者制动总泵之后，存在有制动踏板行程不正常的情况，就应该检查制动总泵助力器推压杆（图 3-24）或者制动踏板连杆（图 3-25）的调整是否正确。

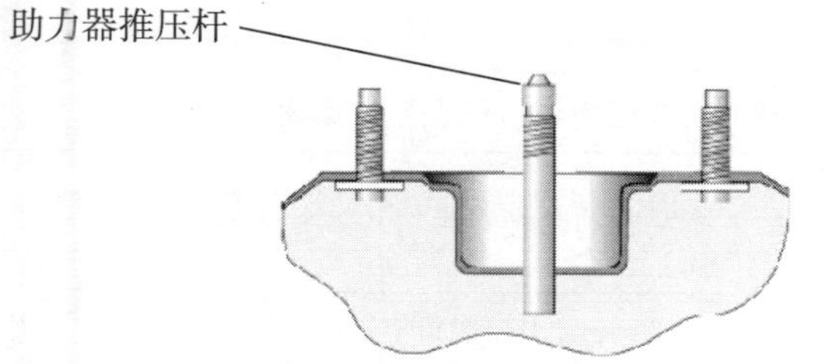

图 3-24　检查制动总泵助力器推压杆

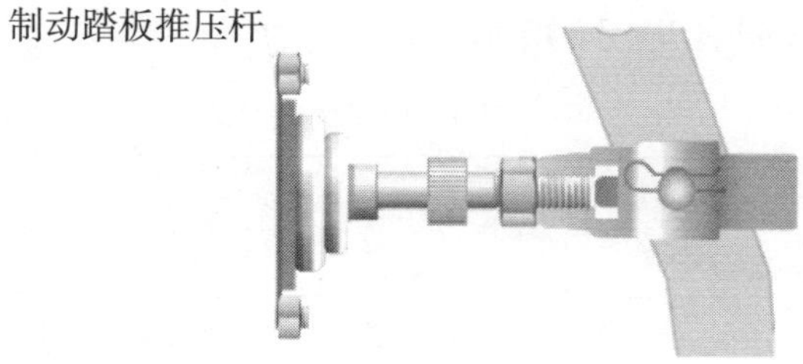

图 3-25　检查制动总泵的制动踏板连杆

3）制动液渗漏

制动系统中有渗漏现象时，会导致制动踏板的行程过大。渗漏可能会出现在（但并不仅限于）制动卡钳、制动总泵、车轮制动分泵、柔性的软管和受腐蚀的钢管处等，如图 3-26 所示。找出渗漏部位，并及时给予适当的维修。

图 3-26　制动系统中常见的渗漏部位

6. 制动踏板自由行程与制动灯开关间隙调整

(1) 松开真空助力器推杆上的锁紧螺母，如图 3 - 27 所示。

(2) 转动真空助力器的推杆，使推杆尾端露出 7 个螺纹即可。

(3) 调整完后拧紧真空助力器推杆上的锁紧螺母。

(4) 松开制动灯开关的锁紧螺母，如图 3 - 28 所示。

(5) 调整制动灯开关，使得开关与踏板上的橡胶垫间隙在 0.5～1 mm 即可。

(6) 拧紧制动灯开关的螺母。

图 3 - 27　制动踏板行程调整

图 3 - 28　制动灯开关间隙调整

二、制定方案

根据情境导入中的案例，需要对制动液进行检测、更换及制动踏板自由行程进行调整。教师在组织教学的过程中，根据制动液的检测、更换方案及制动踏板自由行程的调整方案，带领学生检测、更换制动液及调整制动踏板自由行程，以便熟练掌握检测、更换制动液及调整制动踏板自由行程的方法，如表 3 - 12 所示。

表 3 - 12　大众桑塔纳制动液检测、更换及制动踏板自由行程调整方案表

	大众桑塔纳制动液检测、更换及制动踏板自由行程调整方案	
车辆信息描述	车辆描述	大众桑塔纳 1.8 L，行驶里程 78 000 km，出厂时间：2005 年 3 月
	故障现象	车辆坡道停车时，拉紧驻车制动有溜坡现象。当时速达到 30 km/h 以上时，踩下制动踏板感觉硬，制动效果差，且有严重跑偏现象
设备/工具/耗材	设备：大众桑塔纳乘用车，举升机，制动液更换机； 工具：开口扳手，一字螺丝刀，直尺，厚薄规，操纵力测量仪，制动液检测仪，常规工具一套； 耗材：制动液，放油软管，放油壶，抹布，铁丝	
安全要求及注意事项	1. 安全要求： (1) 严格按照维修手册要求的流程进行操作； (2) 对特殊零部件的拆解要使用专用工具； (3) 听从老师管理，禁止随意操作实训车辆、设备等； (4) 安全操作，禁止明火； (5) 注意劳动保护。 2. 操作注意事项： (1) 正确使用工具； (2) 操作必须在老师的指导下进行； (3) 更换回收制动液时尽量不直接接触制动液； (4) 制动液排空气必须严格规定顺序进行； (5) 调整制动踏板行程及制动开关间隙时注意自我保护； (6) 非操作人员不得站在举升机下围观	

（续表）

	大众桑塔纳制动液检查更换及制动踏板行程调整方案
工作步骤	1. 更换制动液： (1) 手动更换：操作过程中，不足时补加制动液。将排气软管装到后排气阀上，将软管另一端装入容器，一人踩制动踏板，一人释放制动分泵放气螺栓，依次按照右后、左后、右前、左前操作； (2) 仪器更换：制动液更换机器连接电源，连接制动储液罐，放气螺栓连接容器，启动电源开关，释放放气螺栓。 2. 调整制动踏板的自由行程： (1) 检查制动总泵、分泵、管路、制动片等； (2) 使用直尺手动测量踏板行程； (3) 检查液压制动管路、总泵、分泵； (4) 松开真空助力器推杆上的锁紧螺母； (5) 转动真空助力器的推杆，使推杆尾端露出 7 个螺纹即可； (6) 调整完后拧紧真空助力器推杆上的锁紧螺母； (7) 松开制动灯开关的锁紧螺母； (8) 调整制动灯开关，使得开关与踏板上的橡胶垫间隙在 0.5～1 mm 即可； (9) 拧紧制动灯开关的螺母； (10) 试车检查

教师对学生进行分组，每组选出一个小组长，小组长根据小组成员任务分工不同，确定不同任务的责任人。小组成员任务的划分可以参考下面的小组任务分配表，如表 3－13 所示。

表 3－13　小组任务分配表

	小组任务	个人职责(任务)	小组成员
1	任务前期准备工作	准备该任务的设备、工具、耗材	
2	安全检查	主要负责工具设备使用情况和操作工作的安全监督	
3	更换制动液	负责制动液更换操作	
4	检查制动部件	检查制动总泵、分泵、管路以及制动片等	
5	调整踏板自由行程	负责制动踏板自由行程调整操作	
6	竣工检查工作	检查所有的设备器材是否齐全	

实训中如果没有该车型，可以参考大众桑塔纳制动液检测、更换及制动踏板自由行程调整方案，并查阅该车型的维修手册，制定出该车型制动液检测、更换及制动踏板自由行程调整方案，如表 3－14 所示。

表 3-14　制动液检测、更换及制动踏板自由行程调整方案表

	________乘用车制动液检测、更换及制动踏板自由行程调整方案	
车辆信息描述	车辆描述	
	故障现象	
设备/工具/耗材		
安全要求及注意事项		
工作步骤		

三、实施

依据制定的方案实施，并填写项目单，如表 3-15 和表 3-16 所示。

表 3-15　实训结果项目表(1)

更换制动液			
	项目	步骤	注意事项
1	仪器更换制动液		
2	手动更换制动液		

表 3 - 16　实训结果项目表(2)

调整制动踏板自由行程				
	测量项目	标准值	测定值	处理方法
1	制动踏板自由行程			
2	制动灯开关与踏板的间隙			

四、作业

1. 通过实训后完善本项目的实施方案。

2. 思考：为什么需要定期检查更换制动液？

五、知识拓展

制动液是汽车液压制动系统中传递制动压力的液态介质，在采用液压制动系统的车辆中使用。制动液又称制动油或迫力油，它的英文为 Brake Fluid，是制动系统制动不可缺少的部分，而在制动系统之中，它是作为一个力传递的介质，因为液体是不能被压缩的，所以从总泵输出的压力会通过制动液直接传递至分泵之中。

合格达标的制动液的特性：

(1) 在高温、严寒、高速、湿热等工况条件下保证灵活传递制动力；

(2) 对制动系统的金属和非金属材料没有腐蚀性；

(3) 能够有效润滑制动系统的运动部件，延长制动分泵和皮碗的使用寿命。

对制动液的性能要求：

(1) 黏温性好，凝固点低，低温流动性好；

(2) 沸点高，高温下不产生气阻；

(3) 使用过程中品质变化小，并不引起金属件和橡胶件的腐蚀和变质。

检查与评估

1. 学生自我检查

学生通过对任务 1 的学习，独立结合实训车辆填写学习情况检查表(3 - 17)，以检测自己对任务 1 学习的掌握情况。

表 3-17 学习情况检查表

	行车制动检修	
部件名称	检查项目	处理结果
制动盘		
制动摩擦片		
制动活塞		
制动总泵		
真空助力器		
制动液		
制动踏板自由行程		
制动灯开关与踏板间隙调整		

2. 指导教师评估

指导老师在整个教学过程中，关注每个活动小组的工作过程以及小组成员的动手能力，并对小组成员动手能力进行考核，如表 3-18 所示。

表 3-18 指导教师评估表

	考核量化指标	分值(总分)	学生得分
1	能时刻注意保护操作部件安全	5	
2	能时刻注意自我的人身保护	5	
3	使用工具熟练程度	5	
4	能够积极完成本职工作	10	
5	能够熟练查询维修资料	10	
6	能够根据方案拆装与检修车轮制动器	15	
7	能够根据方案拆装与检修制动传动和真空助力器	15	
8	能够根据方案完成更换制动液及调整制动踏板自由行程	15	
9	能够完成实训结果项目表的填写	10	
10	能够完成学习情况检查表的填写	10	
总计			

任务2 拆装与检修驻车制动

任务描述

一、学习目标

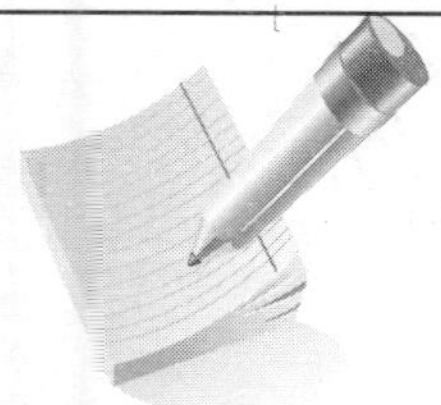	1. 能够完成驻车制动器拆装； 2. 能够完成驻车制动系统检查与调整

二、学习内容

	1. 大众桑塔纳驻车制动器拆卸； 2. 大众桑塔纳驻车制动器检测； 3. 大众桑塔纳驻车制动器安装； 4. 大众桑塔纳驻车制动传动装置拆装与检修； 5. 大众桑塔纳驻车制动器间隙调整； 6. 大众桑塔纳驻车制动手柄行程调整

项目1 拆装驻车制动系统

一、知识链接

1. 驻车制动系统的功用及组成

驻车制动系统是汽车用于长时间停车的一套制动装置。该系统必须可靠地保证汽车在原地停留，不发生自动滑行和溜坡。驻车制动系统主要有制动手柄、杠杆、拉线、制动器等组成，如图 3－29 和图 3－30 所示。驻车制动组成如图 3－31 所示。

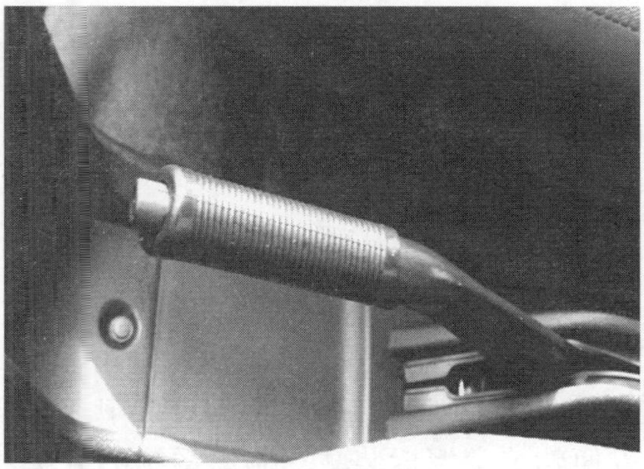

图 3－29 驻车制动手柄

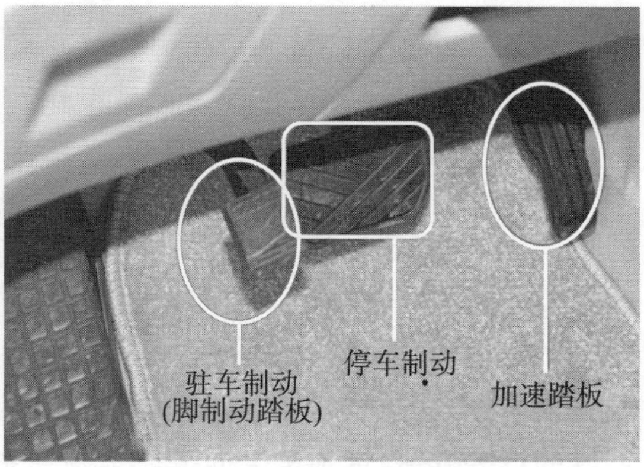

图 3－30 驻车制动踏板

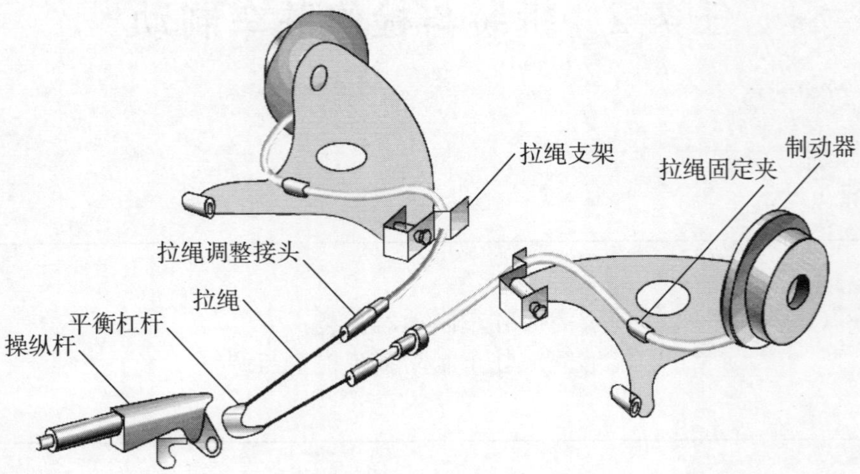

图 3-31 拉索式驻车制动组成

2. 驻车制动器

驻车制动器可以是同行车制动系统共用的车轮制动器，也可以是专设的中央制动器。目前，乘用车采用的机械式驻车制动器基本都只作用于后轮。驻车制动器如图 3-32 所示。

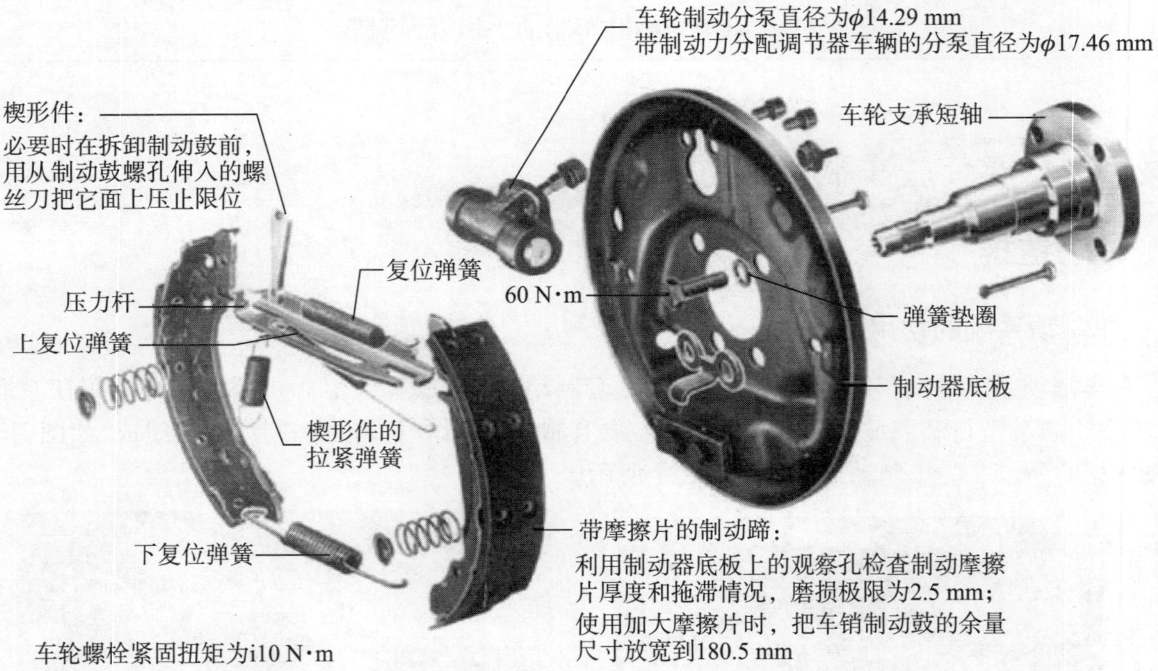

图 3-32 大众桑塔纳驻车制动器分解图

二、制定方案

根据情境导入中的案例，需要对驻车制动系统进行拆装。教师在组织教学的过程中，根据驻车制动系统的拆装方案，带领学生拆装驻车制动系统，以便熟练掌握拆装驻车制动系统的方法，如表 3-19 所示。

表 3－19 大众桑塔纳驻车制动系统拆装方案表

	大众桑塔纳驻车制动系统拆装方案	
车辆信息描述	车辆描述	大众桑塔纳 1.8 L，行驶里程 78 000 km，出厂时间：2005 年 3 月
	故障现象	车辆坡道停车时，拉紧驻车制动有溜坡现象
设备/工具/耗材	设备：大众桑塔纳乘用车一辆； 工具：平口螺丝刀，棘轮扳手，鲤鱼钳，虎钳，棘杆，套筒，扳手，扭力扳手等； 耗材：手套，润滑脂	
安全要求及注意事项	1. 安全要求： （1）严格按照维修手册要求的流程进行操作； （2）对特殊零部件的拆解要使用专用工具； （3）听从老师管理，禁止随意操作实训车辆、设备等； （4）安全操作，禁止明火； （5）注意劳动保护。 2. 操作注意事项： （1）正确使用拆装工具； （2）操作必须在老师的指导下进行； （3）严格按要求进行拆卸项目作业； （4）拆卸驻车制动拉索时注意不要损坏内饰； （5）拆卸驻车制动器时不能拉驻车制动； （6）拆卸和安装时注意不要损坏制动分泵	
工作步骤	1. 拆下中央扶手箱； 2. 拆卸空调后出风口与固定支架； 3. 取出驻车制动拉线； 4. 拆卸后座，揭开地毯； 5. 拆卸制动拉线与底盘的固定螺母，取出拉线； 6. 拆卸后轮； 7. 从制动器中取出制动拉线； 8. 检查制动拉线； 9. 检查制动器棘轮与棘爪检查； 10. 安装按照拆卸的反顺序进行	

教师对学生进行分组，每组选出一个小组长，小组长根据小组成员任务分工不同，确定不同任务的责任人。小组成员任务的划分可以参考下面的小组任务分配表，如表 3－20 所示。

表 3－20 小组任务分配表

	小组任务	个人职责（任务）	小组成员
1	任务前期准备工作	准备该任务的设备、工具、耗材	
2	安全检查	主要负责工具设备使用情况和操作工作的安全监督	
3	拆检驻车制动传动装置	负责驻车制动手柄、拉线等拆检	
4	拆检驻车制动器	负责后轮鼓式驻车制动器拆检	
5	辅助操作	负责拆检辅助操作	
6	竣工检查工作	检查所有的设备器材是否齐全	

实训中如果没有该车型，可以参考大众桑塔纳驻车制动系统拆装方案，并查阅该车型的维修手册，制定出该车型驻车制动系统拆装方案，如表 3-21 所示。

表 3-21　驻车制动系统拆装方案表

	________乘用车驻车制动系统拆装方案	
车辆信息描述	车辆描述	
	故障现象	
设备/工具/耗材		
安全要求及注意事项		
工作步骤		

三、实施

依据制定的方案实施，并填写项目单，如表 3-22 所示。

表 3-22　实训结果项目表

	拆卸步骤	使用工具
制动手柄		
制动拉线		
制动器		

四、作业

1. 通过实训后完善本项目的实施方案。

2. 查找资料，目前乘用车采用哪些常见的驻车制动类型？

五、知识拓展

有些乘用车的后轮盘式制动中也集成了鼓式结构，但鼓式制动仅用于驻车制动，如图 3－33 所示。

图 3－33　盘式停车制动器中的鼓式驻车制动器

项目 2　检查、调整驻车制动系统

一、知识链接

1. 驻车制动检查

驻车制动的性能要求：空载时，在干燥硬实的 20％坡道使用驻车制动，车辆能可靠停留，车轮不往下滚动；用 2 挡缓慢起步时，发动机应有熄火现象；路试中，当车速为 15 km/h 时，拉紧驻车制动应能及时制动。

2. 驻车制动拉线检查

驻车制动钢索内线(图 3－34)应该在外皮内能自由滑动且无断线和脱焊现象。当滑动阻力过大或者有锈迹时，可加润滑脂，严重的需要更换。

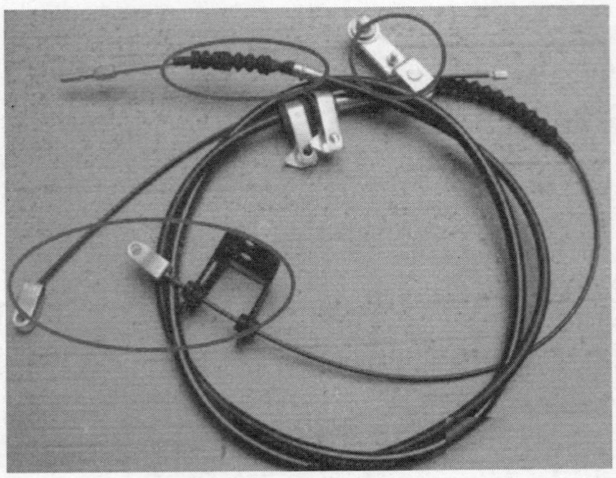

图 3-34　驻车制动拉线

3. 制动手柄下棘爪与棘齿的检查

根据制动手柄结构，观察棘爪和棘齿的啮合面是否有豁口、断齿等问题存在。制动手柄如图 3-35 所示。

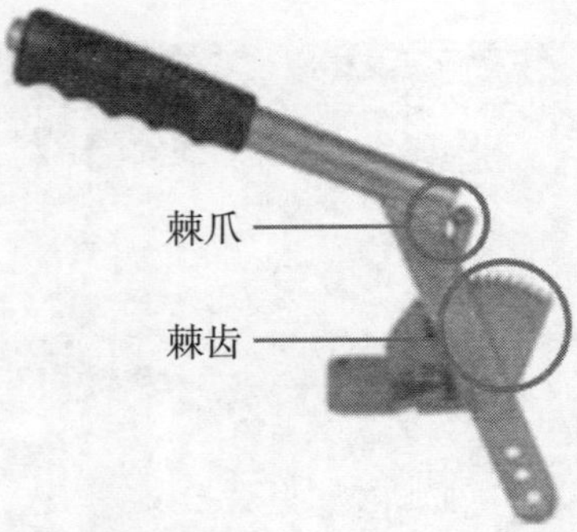

图 3-35　制动手柄

4. 驻车制动蹄片检查

鼓式制动蹄片厚度检查：使用游标卡尺测量制动蹄片的厚度，标准值为 5 mm，使用极限为2.5 mm。

制动蹄片外观检查：检查是否有存在烧蚀，是否有砂石杂质，油迹等。

制动鼓检查：

(1) 检查制动蹄片与制动鼓的接触面积。将制动蹄片与制动鼓接触，接触面积因不小于 60%。

(2) 检查制动鼓内径磨损及尺寸的检查。检查制动鼓是否有烧蚀、刮痕和凹陷。用游标卡尺(图 3-36)测量内径，正常值为 180～181 mm。

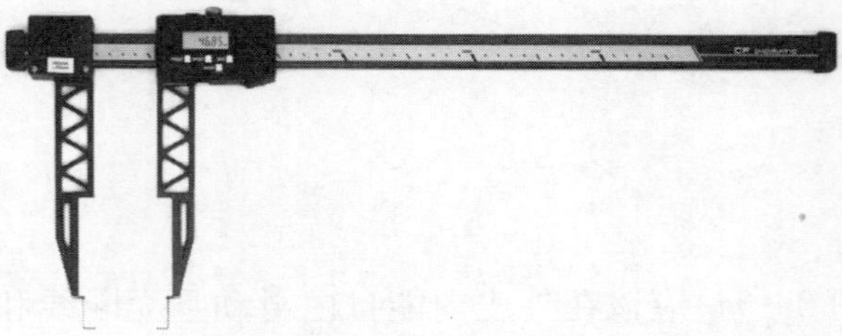

图 3-36　游标卡尺

5. 采用鼓式驻车制动器的间隙调整

车辆驻车制动如果采用鼓式制动器且与行车制动共用制动器的，通常制动器内部都带有自动调整装置。根据结构设计不同，调整可以针对操作机构（拉索）或制动器专门的间隙调整装置。楔形块调整位置和调机器机构如图 3－37 和图 3－38 所示。

图 3－37 楔形块调整位置

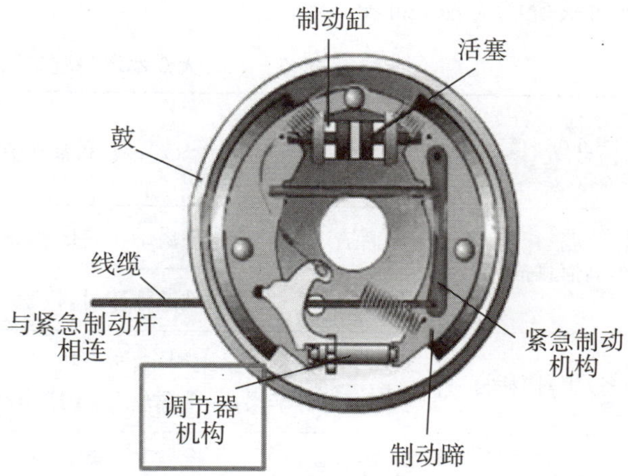

图 3－38 调机器机构

6. 驻车制动手柄行程调整

驻车制动杆自由行程为驻车制动杆移动两个齿，当松开驻车制动时，两后轮都能自由转动。如不符合要求，应按照下述方法来进行调整：

（1）松开驻车制动杆；

（2）用力踩下制动踏板；

（3）把驻车制动拉紧两个齿；

（4）拧紧调整螺母，直到用手不能旋转两个被制动的后车轮为止，如图 3－39 所示；

（5）松开驻车制动杆，两后轮能旋转自如即为调整合适。

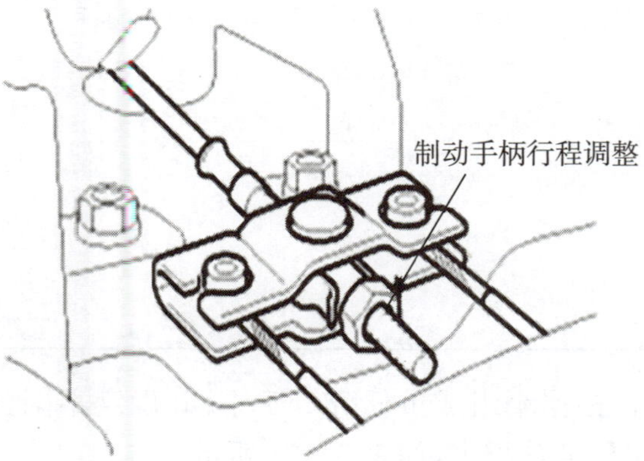

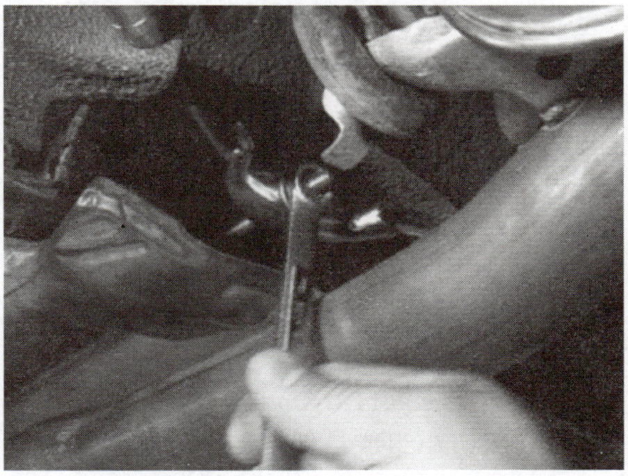

图 3－39 制动手柄行程调整

在调节驻车制动杆(或踏板)行程之前，应确定已经调整好驻车制动蹄片间隙。

首先松开锁紧螺母；其次拧动调节螺母或螺钉，直到驻车制动杆或踏板行程正确为止；最后紧固锁止螺母。

二、制定方案

根据情境导入中的案例，需要对驻车制动系统进行检查、调整。教师在组织教学的过程中，根据驻车制动系统的检查、调整方案，带领学生检查、调整驻车制动系统，以便熟练掌握检查、调整驻车制动系统的方法，如表 3 - 23 所示。

表 3 - 23　大众桑塔纳驻车制动系统检查、调整方案表

	大众桑塔纳驻车制动系统检查、调整方案	
车辆信息描述	车辆描述	大众桑塔纳 1.8 L，行驶里程 78 000 km，出厂时间：2005 年 3 月
	故障现象	车辆坡道停车时，拉紧驻车制动有溜坡现象
设备/工具/耗材	设备：大众桑塔纳乘用车，举升机； 工具：游标卡尺，一字螺丝刀，十字螺丝刀，开口扳手	
安全要求及注意事项	1. 安全要求： (1) 严格按照维修手册要求的流程进行操作； (2) 听从老师管理，禁止随意操作实训车辆、设备等； (3) 安全操作，禁止明火； (4) 非调整人员不得在举升机下围观； (5) 注意劳动保护。 2. 操作注意事项： (1) 正确使用调整工具； (2) 操作必须在老师的指导下进行； (3) 先调整驻车制动器间隙，再调整驻车制动手柄行程； (4) 举升机必须要锁止保险后，才能进入车底操作	
工作步骤	1. 举升车辆； 2. 检查驻车制动手柄； 3. 检查驻车制动棘轮棘齿； 4. 检查制动拉线； 5. 拆卸两后车轮； 6. 拆卸制动鼓； 7. 检查驻车制动蹄片； 8. 检查制动鼓； 9. 调整制动蹄片与制动鼓间隙； 10. 调整制动手柄行程； 11. 试车检查	

教师对学生进行分组，每组选出一个小组长，小组长根据小组成员任务分工不同，确定不同任务的责任人。小组成员任务的划分可以参考下面的小组任务分配表，如表 3 - 24 所示。

表3－24　小组任务分配表

	小组任务	个人职责(任务)	小组成员
1	任务前期准备工作	准备该任务的设备、工具、耗材	
2	安全检查	主要负责工具设备使用情况和操作工作的安全监督	
3	检查驻车制动手柄、拉线、棘轮等	负责驻车制动传动机构检查	
4	检查驻车制动器	负责驻车制动器等部件检查操作	
5	调整驻车制动	负责驻车制动手柄间隙,制动蹄片间隙调整	
6	竣工检查工作	检查所有的设备器材是否齐全	

实训中如果没有该车型,可以参考大众桑塔纳驻车制动系统检查、调整方案,并查阅该车型的维修手册,制定出该车型驻车制动系统检查、调整方案,如表3－25所示。

表3－25　驻车制动系统检查、调整方案表

	____ ____乘用车驻车制动系统检查、调整方案	
车辆信息描述	车辆描述	
	故障现象	
设备/工具/耗材		
安全要求及注意事项		
工作步骤		

三、实施

依据制定的方案实施，并填写项目单，如表 3 - 26 所示。

表 3 - 26　实训结果项目表

	零部件	检查结果	处理方法	注意事项
驻车制动手柄	手柄按钮			
	棘轮			
	棘爪			
驻车制动拉线	钢索			
	钢索外皮			
驻车制动器	制动蹄片			
	各限位弹簧			
	制动分泵			
	制动限位楔块			
驻车制动间隙调整	制动蹄片与制动鼓的间隙			
	制动拉线松紧度			

四、作业

1. 通过实训后完善本项目的实施方案。

2. 思考：如果大众桑塔纳采用侧的驻车制动存在故障是否会影响到行车制动？

五、知识拓展

电子驻车制动系统(Electrical Park Brake，简称 EPB)是指将行车过程中的临时性制动和停车后的长时性制动功能整合在一起，并且由电子控制方式实现停车制动的技术。电子驻车制动是由电子控制方式实现停车制动的技术，其工作原理与机械式驻车制动相同，均是通过制动盘与制动片产生的摩擦力来达到控制停车制动，只不过控制方式从之前的机械式驻车制动拉杆变成了电子按钮。

电子驻车制动从基本的驻车功能延伸到自动驻车功能(AUTO HOLD)。自动驻车功能技术的运用，使得驾驶人在车辆停下时不需要长时间制动。启动自动电子驻车制动的情况下，能够避免车辆不必要的滑行，简单的说就是车辆不会溜后。

检查与评估

1. 学生自我检查

学生通过对任务 2 的学习，独立结合实训车辆填写学习情况检查表(表 3－27)，以检测自己对任务 2 学习的掌握情况。

表 3－27　学习情况检查表

	大众桑塔纳驻车制动			
部件名称	拆装步骤	检查项目	处理结果	注意事项
驻车制动手柄				
驻车制动拉线				
驻车制动器				

2. 指导教师评估

指导老师在整个教学过程中，关注每个活动小组的工作过程以及小组成员的动手能力，并对小组成员动手能力进行考核，如表 3－28 所示。

表 3－28　指导教师评估表

	考核量化指标	分值(总分)	学生得分
1	能时刻注意保护操作部件安全	5	
2	能时刻注意自我的人身保护	5	
3	使用工具熟练程度	5	
4	能够积极完成本职工作	10	
5	能够熟练查询维修资料	10	
6	能够根据方案拆卸、安装驻车制动传动装置	15	
7	能够根据方案拆卸、安装驻车制动器	15	
8	能够根据方案检查和调整驻车制动	15	
9	能够完成实训结果项目表的填写	10	
10	能够完成学习情况检查表的填写	10	
总计			

代　跋

实施 EIS 平台战略、建立教产合作长效机制

——在全国机械职业教育教学指导委员会委员扩大会议上的发言

邹晓东　博士
全国机械职业教育教学指导委员会产教合作促进与指导委员会　主任委员
上海中锐教育投资(集团)有限公司　董事　总经理

中锐教育集团是总部设立在上海的教育投资、教育管理和教育服务机构，成立于 1996 年，迄今已有 17 年办学历史。我们先后投资兴办了多种不同类型的学校，包括无锡南洋职业技术学院、新加坡南洋现代管理学院、苏州外国语学校、合肥外国语学校，还有专门为在华外籍人士子女开设的伊顿国际学校等比较知名的学府。还协助政府开发、建设教育园区，如苏州高教园区、上海中锐教育港等。职业教育是中锐教育集团的核心和龙头。我们始终在研究如何为经济与社会发展提供更好的教育服务，如何为重点产业发展提供更有力的人才支撑。2007 年，中锐教育集团投资并创立"华汽教育"品牌，首先在汽车职业教育领域探索、实践，并取得阶段性的经验和成果。

把我们这几年的经验进行归纳，可以总结为以下三句话："建立岗位人才标准、实施教产平台战略、落实两个支撑"。

首先，建立岗位人才标准。五年来，我们与大型汽车企业一起研究、开发和制订企业岗位人才标准，并将岗位标准导入职业教育的教学标准，以此为基准构建标准化的人才培养体系，包括符合行业和企业需求的人才能力模型和培养标准、符合教育和认知规律的培养计划和课程、立体化的教材、课件、仿真软件系统、师资标准和认证，以及企业级的校内实训中心建设，组织开展独具特色的全国性学生技能大赛，等等。我们每年举办的"华汽教育教学研讨会"，已经成为中锐与全国合作企业、合作院校共同推动定标、贯标、教改、课改的一种有效机制和传统。部分企业岗位标准正在上升为行业标准。

实施 EIS 平台战略。我们将汽车职业教育利益关联的若干特定群体，包括教育者和供给者(院校)、学习者(学生)、使用者(企业)等，联结在"华汽教育"的平台上并促进其交流和互动；今天，该平台上已经有全国 40 所高职院校、50 家全国性的大型汽车企业集团(我们牵头创建了 50club 全国汽车企业人力资源发展联席会议)，而为学习者提供职业发展和终身教育服务的"中锐汽车人才网"则联系着数万名在校生和几十万名在职学习者。"共同办学、共同育人、共同投资、共同发展"，办学规模和办学质量不断提升，"华汽教育"全国院校已经成为我国汽车行业高素质高技能人才输出的重要平台。

EIS 平台正在继续纵深发展：2013 年，我们与中国最大的汽车集团之一的庞大集团、合资设立

的大型培训基地——河北庞锐汽车商学院已经开学，该基地专门为全国院校汽车专业高年级学生提供3—6个月岗前培训和向大型企业集团规模输出高素质高技能毕业生，目标年培训1万人次。2013年，专门为中职院校和中职学生量身定制的"优卡曼"项目也正式推出，首批11所院校已签约。我们将紧抓岗位标准、全面升级和推出第三代华汽课程体系；在全国100所高职或中职院校投资建设实训中心；与汽车行业共同打造三到四个大型、区域性培训基地，全面对接大型汽车企业集团的全国布局和人才需求。

落实两个支撑，即落实教育国际化支撑和教育信息化支撑以促进持续提升。中锐教育集团在1999年就获得了教育部颁发的全国首批出国留学服务资质，14年来，在帮助数以万计的学子出国深造的同时，也积极开展国际教育合作，持续学习、借鉴、引进国际先进教育资源、先进教育理念和方法；在汽车职业教育领域，重点学习和借鉴德国双元制职业教育模式和美国社区学院的学历衔接模式。同时，我们深刻认识到教育信息化，既是手段，也是目的；2012年7月，中国第一家专业研发汽车仿真实训软件的沈阳敏捷科技公司整体加入中锐教育集团；2012年10月，"华汽教育全国院校教研平台"建设项目正式启动；2012年12月，"华汽教育中央演播室"建设项目正式启动。

2010年10月11日，中锐教育集团荣获"全国汽车行业示范职教集团"称号；2010年12月13日，教育部副部长鲁昕女士亲自为中锐教育集团与辽宁装备制造职业技术学院共建的"中锐汽车学院"揭牌；2011年，中锐教育集团又先后荣膺"全国商业服务业校企合作与人才培养优秀企业"和"全国服务外包人才培养校企合作贡献奖"；2011年，共有11名华汽教师获得"全国教师教学能力竞赛"大奖，全国高职高专校长联席会和教育部职成司领导专门为教师颁奖并祝贺。2012年4月，中锐教育集团举办第二届"中锐杯"全国职业院校汽车专业学生技能大赛，参赛院校134个，规模空前。2012年12月，中锐教育集团荣膺"新浪教育盛典全国最具品牌知名度职教集团"。

我国正处于发展实体经济和发展职业教育的最佳时期。中锐教育集团将继续不懈努力，将"华汽教育"教产合作平台模式从规模、范围、质量、效益等多个维度上推向新的高度；借鉴"华汽教育"已取得的教产合作经验，中锐教育集团将为社会、行业和院校奉献更多的优秀产品和服务。

2013年4月13日

中锐教育集团与上海通用汽车公司签订ASEP合作项目

中锐教育集团与上海大众汽车公司签订SCEP合作项目

中锐教育集团华汽学子自主研制“中锐1号”赛车参加“第三届”中国大学生方程式汽车大赛

《东方卫视》现场采访中锐教育集团合作伙伴AHK德方负责人Jan Noether博士

中锐教育集团与南京依维柯汽车公司签订战略合作协议

中锐教育集团与中国汽车工业国际合作总公司签订人才合作协议

中锐教育集团成功承办“2011年教育部全国高职高专第二届汽车系主任论坛”

中锐教育集团成功举办“2012中国上海·职业教育合作高峰论坛”

中锐教育集团成功承办“2013年全国机械职业教育教学指导委员会扩大会议”

中锐教育集团连续举办“中国汽车经销商企业人力资源发展联席会议”

中锐教育集团牵手全国排名第一的大型汽车企业一庞大汽贸集团共建庞锐汽车商学院

中锐教育集团每年举办“全国华汽教育教学工作研讨会”

中锐教育集团每年举办“全国华汽教育师资培训”

中锐教育集团成功举办“2013第三届中锐杯全国职业院校汽车专业学生技能大赛”（江西南昌）

中锐教育集团成功举办“2011年全国高等学校汽车专业学生职业技能大赛”（江西南昌）

中锐教育集团成功举办“2012年全国高等学校汽车专业学生职业技能大赛”（江苏南京）